マネタイズ戦略

monetization as strategy

顧客価値提案にイノベーションを起こす新しい発想

川上昌直
kawakami masanao

ダイヤモンド社

マネタイズ戦略

顧客価値提案にイノベーションを起こす新しい発想

はじめに

■ マネタイズは将来の顧客価値提案のためにある

これまで、長年ビジネスモデルを研究してきた立場からすれば、現在のビジネスモデルの取り扱われ方には違和感を覚える。あまりにもマネタイズ（収益化）に対する理解が少ないからだ。

ビジネスモデルとは**「顧客を満足させながら、企業が利益を得る仕組み」**である。

顧客を満足させるだけでもなく、企業だけが一方的に利益を得るだけでもなく、その両方を可能にするための考え方を示すものである。

しかし、ほとんどの企業において、「顧客を満足させる」という顧客価値提案ばかりに関心と注目が行き、肝心の「企業が利益を得る」というマネタイズがおざなりになっている。

もちろん、顧客価値提案は企業にとっての最重要課題であることはいうまでもない。企業の存在価値や社会的意義をつくりだすため、当然、そこには注力するべきだ。そのため、マーケティング書をはじめとして、さまざまな成熟化した議論が交わされるようになってきた。

だが、他方でマネタイズについては、どうか。ほとんど議論がなされていない。特に、日本ではまだ「儲け」や「利益」に正面から向き合うことにためらいがあるのか、マネタイズについて触れられる頻度は、顧客価値提案に比べてあまりにも少ないといえる。さらに経営学分野でのマネタイズの研究ともなると皆無に等しい。こんなことでは、将来の斬新な顧客価値提案など生まれるはずもない。なぜなら、マネタイズと顧客価値提案は、つながっているからだ。

イノベーションには投資が必要である。その原資は、融資でも増資で

もなく、企業が自ら蓄積した内部留保であることが望ましい。自分で稼いだ資本は、結果が見えない「不確実性」に投下しても、文句をいわれないからだ。そう、**マネタイズは将来の顧客価値提案のためにあるのだ。**

それだけではない。マネタイズとは収益化であるから、誰かから何かを対象として、どこかのタイミングでお金をもらうという意思決定でもある。それは、特定の顧客から特定のサービスで実現することもあれば、顧客以外の誰かから顧客には見えないサービスで、ということもある。

つまりマネタイズは、顧客価値提案を度外視して決められないのだ。顧客接点であるタッチポイントと、マネタイズをする課金ポイント[1]は、表裏一体であるともいえる。顧客接点（タッチポイント）を多くとればとるほど、一面的には手間がかかりコストがかかるように見えるが、それはそのまま課金ポイントにもなりえる。したがって、そこから莫大な収益がもたらされるきっかけになる可能性もある。

このように、**顧客価値提案とマネタイズは密接に関係している。**にもかかわらず、ビジネスモデルの枠組みにおいてすら、それらが別々に取り扱われていることは、違和感以上に残念な気持ちにさせられる。

今の日本企業は、顧客価値提案とマネタイズを分けて考えることで、ビジネスの本質を見極める力を失ってしまっているといっても過言ではない。

■ 顧客価値提案とマネタイズを融合する

本書のテーマは、これまでビジネスモデルの分野でもおざなりにされてきた、「顧客価値提案とマネタイズの融合」である。

ふさわしいマネタイズとの融合によって、顧客価値提案はさらなる収益化を可能にする。また、ふさわしい顧客価値提案の融合によって、マネタイズが新たなビジネスへと昇華することにもなる。この点を読者のみなさんに伝え、体得していただくことが本書の目的である。

1　キャッシュポイントと呼ばれることもあるが、本書では課金ポイントで統一する。

本書の想定読者は、次のような方である。

・事業変革を試みる大企業の経営陣
・新規事業創出を任されるプロジェクトリーダー
・業界の覇権をくつがえそうとする起業家とその予備軍
・すでにチームの舵取りを任された方
・新たなビジネスの方向性を模索するビジネスパーソン

　たとえば、あなたがある程度コモディティ化（同質化）した製品やサービスを扱っているとしよう。B2Bの事務機器、食品メーカーへの原料提供、不動産販売、あるいは会計事務所など、他社も同じようなものを取り扱っており、もはや価格を下げることでしか顧客を惹きつけられないと悩んでいる。しかも、値下げが原価に近づき、それすら限界にきている……。

　実はそんなときほど、**顧客価値提案のみではなく、マネタイズの視点を取り入れることで、新たな発想やブレークスルーが可能になるのだ。**

　商材がコモディティ化しているビジネスほど、顧客とのタッチポイントは多い。営業は足しげく通い、顧客に尽くしているからだ。さきほども述べたように、それは課金ポイントとも読み替えらえる。

　マネタイズの骨子は、それらタッチポイントからすべて課金して儲けるという単純な話ではない。たとえば、あなたが扱う商材で儲けるために、あえて儲けないポイントをつくって顧客に奉仕することで、コモディティ化の泥沼から一歩抜け出すことができる。別の人に頼めばお金がかかることでも、あなたに頼めばほとんどコストゼロ（商材価格だけ）で済めば、先方の担当者はあなたを決して手放そうとはしないはずだ。実際に、筆者の周りを見渡しても優秀なビジネスパーソンほど、そのようなことを感覚的につかんで実践している。

　たとえば、アイデアに枯渇する食品メーカーにただでメニューを提案することで商品を購入してもらっている食品原料会社の営業マン。

はじめに　　5

コンサルタント並みの相談を受けるが、そこでは課金せずに高い税務顧問料金をとっている税理士、などがいる。

しかも、儲けないポイントでも、顧客に対して一切手を抜かないところにコツがある。マネタイズの視野を融合することで、このような一歩抜きんでる発想が実現する。マーケティングだけを勉強していたのでは、決してこのような発想は生まれてこないだろう。

■ 先進的な８つのケースから学ぶ

マネタイズは「**誰から儲けて誰からは儲けない、どこで儲けてどこでは儲けない、今儲けなかったらいつ儲ける**」といった、これまであまり考えたことのない疑問をあなたに投げかける。

このように、顧客価値提案とマネタイズのつながりから知見を得て、経営者にはビジネスのあり方を、ビジネスパーソンには目の前の仕事のあり方を、これまでとは違った新たな視点で向き合い、現状を打破するヒントを得ていただけるものと確信している。

とはいえ、みなさんにとってマネタイズは顧客価値提案よりもなじみが薄い。先述の通り、マーケティングと異なり、類書もほとんど見られない。そのため、セオリーを振りかざしても「話はわかるが、どうすればいいの？」といいたくもなるだろう。

そこで、本書では、実際にブレークスルーを遂げてきた国内外の企業をケースとしてとりあげ、顧客価値提案とマネタイズをいかに融合させながら事に当たるのかを解説する。これにより、「**顧客価値を利益に変えるにはどうしたらよいのか、そこから発展して、利益のとり方を変えつつ新たな顧客価値を生むにはどうしたらよいのか**」、といったポイントがよりはっきりと理解できる。

事例は先進的であるばかりではなく、外部情報はもとより、主に関係者へのインタビュー調査などの情報提供を得ながら、マネタイズと顧客価値提案が高次元で融合しているものとしてふさわしいものを選択した。具体的には、以下の企業である。

- 先進的な電気自動車を生み出すテスラ
- パン屋でありながらコミュニティ形成に成功したピーターパン
- 辛口の批評雑誌として人気のLDK
- 1億人以上のユーザーを抱える動画配信のネットフリックス（Netflix）
- 趣味の幅を広げ続けるデアゴスティーニ
- デザインのソリューションを提供するアドビシステムズ
- マンガの実写化映画で成功するマーベル
- 授業料無料のプログラミングスクールのÈcole42（forty two）

　規模も業種業態も異なる企業であるが、それだけにあなたのビジネスにとって、親近感のあるものを見つけて、ブレークスルーの糸口にしてほしい。

　最後に断っておくが、**本書は特定のビジネスモデルのフレームワークを使ってビジネスを紹介するものではない**。世の中にはたくさんのフレームワークがあり、すでに読者にも使い慣れたものがあるだろう。ぜひそれを使ってほしい。

　ただし、それらが単なるチェックリストにならないように、どのフレームワークにも存在する顧客価値と利益をどのように両にらみでとらえたらよいのか、その考えを本書から学んでいただきたい。読者が新たな視点で、ビジネス開発の面白さを再発見してほしいと考える。

　あなたのビジネスが、さらに革新的になれば私にとってこんなに喜ばしいことはない。

2017年12月

　　　　　　　　　　　　　　　　　　　　　　　川上昌直

※なお本書では、顧客価値提案を「価値提案」で統一する。

CONTENTS

マネタイズ戦略
顧客価値提案にイノベーションを起こす新しい発想

はじめに

マネタイズは将来の顧客価値提案のためにある ⸺⸺⸺⸺⸺ 3

顧客価値提案とマネタイズを融合する ⸺⸺⸺⸺⸺⸺⸺⸺ 4

先進的な8つのケースから学ぶ ⸺⸺⸺⸺⸺⸺⸺⸺⸺⸺ 6

プロローグ

なぜ、
マネタイズが重要なのか？

1 価値提案とマネタイズが調和しない理由 ⸺⸺⸺⸺⸺⸺ 16

2 価値提案に寄り添うマネタイズとは？ ⸺⸺⸺⸺⸺⸺ 18

3 マネタイズが価値提案とシンクロしないときに起こる問題 20

4 マネタイズにも品格が必要 ⸺⸺⸺⸺⸺⸺⸺⸺⸺⸺ 23

5 マネタイズを組み合わせればイノベーションの余白は広がる ⸺ 27

第 **1** 章

価値提案のイノベーションを
マネタイズで補完する
——テスラ

1	「電気自動車は格好悪い」という価値観を変えた	30
2	常に「進化する車」を顧客に提供する	32
3	顧客のライフスタイルに応じてカスタマイズできる	35
4	テスラのマネタイズの2つの特徴	39
5	車がお金を稼いでくれる	44
6	マネタイズを変えて尖った価値提案を実現する	46

マネタイズ理論コラム① 「自分事」でキャズムを越えろ 49

第 **2** 章

地域コミュニティを
マネタイズで表現する
——ピーターパン

1	子どもが喜んでくれる仕事がしたい	52
2	子どもやコミュニティを大切にしたパン屋をつくる	53
3	ファンになってもらうための仕組みづくり	55
4	「子ども」「女性」「コミュニティ」にこだわる	57

5 パンを一緒に食べるコミュニティをつくる 59

6 「儲けなくていい顧客・商品・場」を考える 62

7 マネタイズが価値提案に最適化される 64

マネタイズ理論コラム② 損益計算はボトムアップ・アプローチで評価する 68

第 **3** 章

思いを貫くために
非常識なマネタイズに挑む
──LDK

1 買い手にとって本当に必要な情報を掲載するという価値提案 72

2 『LDK』はこうして生まれた 74

3 これまでのメディアのマネタイズ 76

4 メディアのマネタイズが価値提案に及ぼす悪影響 78

5 LDKのマネタイズが支える価値提案のエッジ 80

6 足りない利益はどう補うのか? 83

7 業界慣行のマネタイズを疑ってみる 84

マネタイズ理論コラム③ 過少利益を抜け出す 87

第 4 章

マネタイズ革新で
顧客を魅了し続ける
——ネットフリックス（Netflix）

1 レンタルビデオの延滞料金が創業のきっかけに ……………… 90
2 コンテンツのオンライン配信で大転換する …………………… 93
3 次世代のテレビを担う存在へ …………………………………… 95
4 異なるマネタイズでコンテンツの芸術性を高める ………… 98
5 ユーザーからのマネタイズが価値提案を変える ………… 100
6 まったく異なるライバルと戦う ……………………………… 104

マネタイズ理論コラム④ プラットフォームはアリモノから独自性へ ……… 107

第 5 章

マネタイズの変革が
新たな価値提案を
発見させる
——デアゴスティーニ

1 パートワークとは何か ………………………………………… 110
2 「ものづくり」をユーザーの「自分事」にする仕掛け …… 114
3 顧客に寄り添うマネタイズの妙味 ………………………… 116

4 定期課金というマネタイズが実現するエッジの効いた価値提案　119

5 価値提案を支える科学的なリサーチ　123

6 出版社としてのデアゴスティーニの強み　125

7 モノと価値の違いはストーリーにある　127

マネタイズ理論コラム⑤　定期課金を実現する購買後の顧客行動　128

第 **6** 章

マネタイズ先行で ビジネスの大転換を図る
──アドビシステムズ

1 破壊的なマネタイズの大改革　132

2 定期課金(サブスクリプション)に切り替えた理由　134

3 定期課金が経営にもたらした威力　137

4 マネタイズに合わせて評価指標は変わる　142

5 固定収入がさらなるイノベーションを生む　146

6 マネタイズの価値提案への影響　148

マネタイズ理論コラム⑥　リピーターと定期課金の違い　151

第 **7** 章

マネタイズと価値提案の
つながりが創造性を強くする
―――マーベル

1	マーベルの成り立ち	154
2	キャラクターの貸し出しでマネタイズする	156
3	ライセンスによるマネタイズの成果	159
4	盤石な経営体制を手に入れる	162
5	価値提案をさらに尖らせるためにリスクをとる	165
6	自社制作でさらに価値提案を磨く	166
7	日本のものづくり企業が見習うべきこと	168

マネタイズ理論コラム⑦ リクープ（回収） 171

第 **8** 章

マネタイズの枠組みを超えて
世界を変える
―――École42（forty two）

1	社会課題としての「教育」問題を解決する	174
2	フリー（無料）モデルを学校に適用する	175
3	42の仕組み	178

4	満を持してシリコンバレーにも開校	180
5	すでにある価値提案としてのブートキャンプ	182
6	42では具体的に何を教えているのか？	184
7	新たなマネタイズのあり方を示す42	186
8	存続し続けられるのか？	188

マネタイズ理論コラム⑧ フリーモデル　　　192

第 **9** 章

マネタイズは
顧客への価値提案と結合して
ブレークスルーを生む

1	マネタイズは価値提案にしたがう	196
2	価値提案はマネタイズにしたがう	201
3	適切なマネタイズが可能にすること	206
4	業界慣行はマネタイズに表れる	210

おわりに	211
参考文献	213
INDEX	214

プロローグ

なぜ、
マネタイズが
重要なのか？

ビジネスアイデアは、顧客への価値提案とマネタイズ（収益化）の組み合わせである。価値提案がいくら優れていても、マネタイズがそれに適合していなければ収益化はできない。逆に、現在のビジネスからマネタイズの方法を変えて収益構造を変えようとしても、価値提案がそのままでは顧客に見向きもされない。価値提案から始めるイノベーションにはそれに最適化したマネタイズが、マネタイズからはじめるイノベーションにもそれに最適化した価値提案が伴って、はじめて新たなビジネスアイデアが結実するのだ。あなたのビジネスにもまだまだ「イノベーションの余白」がある。
まずはこの点を明らかにしよう。

1 価値提案とマネタイズが調和しない理由

　モノやサービスは良いのに売れない。売れても利益が薄い。このような製品は枚挙にいとまがない。久しくいわれ続けている日本のものづくり企業の元気のなさが、その代表格であるといわれる。しかし、本当にそうだろうか。

　顧客への価値提案とマネタイズ（収益化）の両方がそろってはじめて魅力的な価値創造ができる。だとすれば、顧客への価値提案とマネタイズのミスマッチが起きているに違いない。

　2017年4月、ファン待望の**レゴランド**が名古屋にオープンした。ゴールデンウィークの集客を期待して、準備が進められた。しかし、チケットが高すぎるとして客足が伸びなかった。1カ月後、レゴランドは入場料を最大で実質25%値下げした。[2]
「レゴ」という強烈な価値提案（コンテンツ）で、良質のテーマパークをつくったにもかかわらず、マネタイズでつまずいたのである。

　これは単純に入場料のプライシングに失敗したという話ではない。レゴランドの「誰から、何で、どのように儲けるのか（投資を回収するのか）」というマネタイズにかかわる意思決定の甘さが引き起こした問題である。

　さらにいうならば、そのマネタイズは、「どのような人に、どんな体験を、どんな形で提供できるか」という顧客価値の提案と密接に関連している。こう考えると、価値創造のストーリーづくりがマネタイズのと

2　最も用途の多い家族に向けて新チケットを登場させた。このチケットを使えば大人2人を含む家族4人で従来の2万4400円から最安で1万8300円、家族3人では1万9100円から最安で1万4700円まで下がる。

ころで停滞しているといえるだろう。

　レゴランドが考える顧客は、本当にその料金に満足するのか、その体験はわざわざ名古屋の郊外に足を向けさせるほどのものなのか、東京や大阪にあるテーマパークとの違いを感じられるのか、顧客が入園してから遊ぶまでに旅費・宿泊費や食事代などのトータルコストの見積もりは適正だったのか、などの点は事前にある程度の精度で予測できたはずだ。

■　その顧客価値は「自分事」になっているか？

　顧客価値とは、顧客の受け取るメリットのほうがそれを得るコストよりも大きいときに生まれる。いわば、顧客のコストパフォーマンス、「コスパ」である。

　しかし、いくらコスパがよくても、そもそものコストが、顧客が支払おうと思える可処分所得よりも高ければ、まず「**自分事**」にならない。

　自分事とは、世の中で注目されていることや、誰かが提案したことがらが、自分自身の問題や厄介事を片づけるのにふさわしいと感じることである。そうでないかぎりは「他人事」として受け流される。

　顧客は、そのプロダクトやサービスが自分事になってはじめて、コスパを判断するのである。その意味では、家族連れでレゴランドに行くという行為や、そこに宿泊するなどのトータルコストが、多くの顧客にとって「自分事」にならなかったのである。

　それを改めなければ、レゴランドの価格低下は止まらないだろう。同時に、その価格低下は、価値が低いという印象を消費者に与え、さらに客足を遠のかせることになるだろう。

なぜ、マネタイズが重要なのか？　■　プロローグ　　17

2 価値提案に寄り添う マネタイズとは？

　テーマパークについては、**富士急ハイランド**にその成功例を見ることができる。富士急ハイランドは、いわゆる古き良き遊園地という価値提案を貫いている。そのため、絶叫ジェットコースターを建設することで巨大テーマパークとの差別化を図っている。その方針においては、多くの目玉となるコースターの建設が必須である。

　しかし、建設費は40億円前後と巨額だ。それを1回あたり1000円の乗車料金で回収していれば、のべ400万人を乗車させる必要がある。操業中のメンテナンスコストなどもあるから、満席乗車でフル回転させても、回収には10年以上かかってしまう。そこからパークの追加投資のために利益も獲得することを考えれば、さらにもう10年は運営したいところだ。だが、コースターも旬があるので、20年もそのままで営業するのは難しい。

　このような価値提案から利益を収穫するために、富士急ハイランドでは「**絶叫優先券**」というファストパスを発行して、利益に有効に結びつけている。1000円の乗車料金に対して、通常期で1000円のファストパスを売り出している。しかも、それすら開園後すぐに売り切れてしまうほどの人気アイテムとなっている。しかもこのファストパスは、繁忙期にはさらに高額になり、1回の乗車あたり2500円まで上昇する。つまり、繁忙期に確実にコースターに乗るためには、来場者は3500円を支払うことになるのだ。

　普通の人であれば、そこまでは支払わないかもしれない。しかし、富士急ハイランドの混雑ぶりを見れば、乗車券よりもはるかに高額なファストパスを買ってでも確実に乗りたいと思うのではないだろうか。4大コースターすべてのファストパスを買えば、それだけでも1万円にな

る。

　しかし、それによって1日で効率よく遊園地を回れれば、宿泊する場合に比べてトータルコストは安く抑えられる。顧客にとっては、そのほうがコスパのよい提案となるのだ。

　そのおかげで富士急ハイランドは、比較的ひんぱんにコースターの改築などをしてさらに価値提案を磨いている。最近では、人気のコースターの「ドドンパ」をリニューアルした。2001年から2016年までで以前のバージョンを終了させている。およそ16年弱で営業を終え、2017年に新たなコースターとして生まれ変わらせている。ファストパスを効果的に使うことで、投資回収と利益獲得のスピードはさらに上がっていくことと考えられる。

　このように、テーマパークという同業だけを見ても、ビジネスとしての明暗が分かれる。

　そのポイントは、**価値提案とマネタイズの調和**である。

　明確なターゲット顧客に対して、最適な解決策を提示する。そこで終わってはならない。尖った価値提案をしているにもかかわらず、マネタイズもそれに合わせることで、はじめてイノベーションが実現することがおわかりいただけただろう。

なぜ、マネタイズが重要なのか？　■　プロローグ　　19

3 マネタイズが価値提案と
シンクロしないときに起こる問題

　マネタイズは新たなビジネスを実現するうえで重要である。ただし、マネタイズを単独で考えることは危険である。マネタイズは顧客価値提案を支え、時には価値提案の新たなブレークスルーのために用いられるべきである。つまり、マネタイズはその使い方を誤ると、たちまち企業価値を暴落させる。それを象徴するかのような事例が、**PC デポ**によるサービス販売問題であった。

　事の発端は、お年寄りが高額なサービスを売りつけられ、それを解約するにも大金を支払う羽目になった、そのユーザーの親族によるネット上の書き込みであった[3]。2015年から2016年にかけて、PC デポの店員が、認知症を患う高齢者に定額制のサービスを販売したというものだ。月額およそ1.5万円で３年間。すべてを支払うと54万円にものぼる契約である。それを解約するよう親族が店舗に申し出ると、解約料として約20万円を請求された。最終的に10万円を支払ったが、親族はやりきれずその内容を SNS 上で公表し、それがネット上で大炎上した。このことはニュースでも大きくとりあげられた。それを受けて、PC デポの株価はたちまち急落。

　筆者から見れば、PC デポの問題は、収益性を増大するために業態転換を図ったものの、それを価値提案と組み合わせ、ビジネスにまで昇華しなかった点に問題があった。

　日本企業でも、**ROE**（自己資本利益率）の低さが取りざたされている。PC デポについても、PC やタブレットを販売しても、他社との競合が

3　ここでの記述は、実際に本件にたちあったとされるライターの文言を参考にしている。
　https://news.yahoo.co.jp/byline/yoppy/20160823-00061403/

図表 **0-1** PCデポの決算資料には 「利益」を最優先する文言が多用

SLP店化のメリット

1. 利益率が上がる
2. 利益安定性が増す
3. 顧客との接触頻度↑、期間↑

SLP店化により もたらされるもの

↓

利益貢献が「フロー」から 「ストック」に変わる

出所：PCデポ決算資料（2013年5月）より

激しく、粗利は低い。そこで、粗利の高いサービスに進出しようとした。それがスマートライフパートナー（SLP）というユーザー支援サービスである。サービスは基本的に粗利が高く、収益構造を大きく変える。PCデポはそれを推進しようとしたのだ。さらに、PCデポは「ROE＝15％」という意欲的な目標を株主に示し、ビジネスを大転換することを表明していた。そして、2016年3月決算では15％を達成する。

　いずれにしても、SLPを強化するには、もちろん各店舗に対しても予算が組まれ、ノルマが課されることになる。ノルマが立てられていれば、店員はそのギャップを埋めるために必死になることは想定される。それを強化しすぎるあまり、このような事象が起きてしまった。

■ マネタイズと価値提案は表裏一体

　では、いったいこの事象の何が失敗だったのか。それは、マネタイズが先行しすぎて、価値提案とのバランスが保たれていなかった点にあると、考えられる。とにかく数字を先行しようとする姿勢は、PCデポの各種決算資料からも見て取れる（図表0－1参照）。低利益率で商品を売るビジネスから、SLPと称して、高利益率のサービスを売るビジネスに転換するというものである。これはよくいわれる**「売り切り」**から脱して、**定期課金（サブスクリプション）にする**という意味であり、その点に関

なぜ、マネタイズが重要なのか？　■　プロローグ　　21

してはビジネスモデル変革の手本のような事例である。各種メディアも、この頃はPCデポに対して革新的な事例として記事で取り上げていた。[4]そして、モノを売る販売金額とサービスの構成比は2016年決算から逆転し、もはや定期課金収入のほうが多いという状況になっていた。

　しかし、それは価値提案からすると、ものづくりからサービス業への転換を意味する。それはそのまま、契約後に顧客に寄り添うことになる。売り切りモデルのときのように、顧客との関係は一期一会では済まされない。定期課金は、継続的に顧客接点を持つからこそ実現するマネタイズである。PCデポの過去の決算資料を読み解けば、利益に対する言及が多く書かれている。もちろん株主に対するレポートであるが、その点を割り引いたとしても、その後どのように価値提案が変化していくかについての言及はあまりに少ない。

　繰り返しになるが、PCデポの収益構造を革新するというコンセプトに異論はない。それは、マネタイズの手本となりえた。しかし、それがあるときを境に真逆の評価になってしまったのは、価値提案との融合が図られなかったからである。顧客の生活がよくなるどころか、顧客から搾取した印象を持たれてしまったからだ。

　収益の増大を目指すことは、低収益体質の日本企業にとってはむしろ必要なことである。それは、つまりマネタイズ思考を強化し、既存のマネタイズのあり方を変革するということだ。

　だからと言って、マネタイズ思考を単体でやってはいけない。いうなれば、マネタイズの変革は課金ポイントのマネジメントである。それは裏を返せば、顧客接点のマネジメントでもある。**マネタイズを強化するポイントでは、顧客接点も強化する必要がある。**そうでないと、顧客にとっては支払う価値がないからだ。課金（マネタイズ）だけではなく、情熱（価値提案）を組み合わせなければ、ビジネスはうまくいかない。この点をわれわれはPCデポの事例から学び取ることができる。

4　http://toyokeizai.net/articles/-/99508

4 マネタイズにも 品格が必要

　顧客への価値提案をマネタイズに融合させて、新たなビジネスをつくりだすうえでは、**ポケモン GO** はわれわれに大切なことを教えてくれた。それは**「マネタイズにも品格がある」**ということである。それは顧客価値提案の融合を通して実現する。

　任天堂は、据え置き型ゲーム機や、携帯用ゲーム機とそのソフトウェアを販売し、世界的に成功し、ゲーム業界のトップとして君臨してきた。

　しかし、携帯電話が普及してゲームのあり方が変わった。スマホ時代になってからは、さらにそのクオリティの向上と、新たなマネタイズのあり方がブームとなった。ただでゲームができてしまうという**フリーミアム**である。当初無料でゲームを提供しながらも、ゲーム中に新しいアイテムが欲しくなったり、あるいは続きを楽しむために、有料でアイテムを買わせるというマネタイズである。

　任天堂も、その昔、革新的なマネタイズを実施して、一世を風靡したことがあった。ゲーム機本体を原価ギリギリまで抑えて販売し、ソフトウェアによって利益を多くとる方式である。**「カミソリの刃モデル」**とも呼ばれるその方式によって、ゲーム業界を席巻してきた。その課金方式は、セガやソニー、マイクロソフトなどでも使われ、ゲーム業界におけるスタンダードとなった。

　しかし、それがスマートフォン時代になって、フリーミアムに置き換えられたのだ。「無料」という戦略はコアなゲームユーザー以外の人を巻き込み、非ゲーマーにゲームすることを「自分事化」させたのだ。スマートフォンは、今ではほとんどの人が持っている。ゲーム会社からすれば、それはゲーム機の端末を持っていることと同じである。アプリをインストールさえすれば、それはゲーム機に早変わりする。そうした環

なぜ、マネタイズが重要なのか？ ■ プロローグ　23

境変化の中で、コアなユーザーも無料ゲームを楽しみ出した。彼らは当然ながら「有料会員」として、ためらわず支払いをするようになった。

その結果、任天堂の業績は低迷し、2015年3月期に上場来初の赤字を記録する。DeNAやグリーのような無料ゲーム企業はその間も業績を伸ばし、利益を生み続けた。

任天堂はゲーム会社のパイオニアとして、スマートフォンゲーム市場に参入するかどうか悩み続けた。ハードとソフトなどのゲームを販売するのとは違って、無料ゲーム市場では莫大な金額を支払っているユーザーがいることを気にかけていたからだ。

有料サービスに持ち込むために、ゲームにハマらせる。そこに任天堂の企業としてのためらいがあったのだ。深みにハマったユーザーから徹底的に課金するスタイルに、元祖ゲーム会社として抵抗を感じたからだ。

しかし、収益の低下や顧客のシフトにより任天堂も、スマートフォンゲーム市場に参入することになる。

■ 任天堂らしい利益のとり方とは

任天堂は2016年7月、Google傘下のナイアンティック社、ならびに株式会社ポケモンと共同制作し、ポケモンGOをアメリカでリリースした。それはたちまち話題になり、日本でも公開初日に1000万ダウンロードを超えるなど、熱狂的なブームとなったことは記憶に新しい。2015年に急逝した岩田聡元社長が2年間温めていた企画がようやく実を結んだのだ。

このリリースにあたってはまさに「任天堂流」を意識したマネタイズが展開された。ユーザーからもマネタイズはするが、それを収益の柱とせず、広告主などを募ってそこからもマネタイズし、ユーザーには純粋にゲームを楽しんでもらおうとしている。

その原点は、生前の2015年に岩田社長が、決算発表時に残した「任天堂らしい利益」というフレーズ、そして以下のコメントに見られる。

「(当時のスマートフォンゲーム市場は)『少数の、たくさんお金を払ってくださるお客様』を見つけて、そのお客様から『いかにたくさん払っていただくか』ということを研究され、それがうまくいったところが成功されていると思いますが、そのようにやっている限りは、世界に広がって、億単位のお客様に楽しんでいただいて、それが大きな結果につながり、長期にわたって続くとは思いません。

　キーワードとしては、『狭く深く』よりは『広く薄く』、すなわち『広く薄くお金を払っていただく方法をしっかり考える』ということが基本になると思います。ただ、一般的には『狭く深くの方が、広く薄くよりもこれまでうまくいっていた』と言われていますので、私たちは『その中の条件の何を変えたらその壁を越えられるのか』ということを考えています。これについては、実は社内でいろいろな議論があり、私は私でチャレンジのボールを開発者たちに投げていますし、開発者たちもさまざまな議論をしています。いくつかのアイデアが出ていますので、そういうものを順次展開していきたいと思っています。何よりも任天堂はファミリーブランドですから、『親御さんが子どもさんに安心して渡していただける』という構造は変えたくありません。そのような意味では、私たちは『お金のいただき方についてはしっかりこだわりを持ってやっていきたい』と思っています」

　さらに、共同制作にあたったナイアンティックの創業者でCEO（最高経営責任者）のジョン・ハンケは次のように語った。[6]

「(ポケモンGOの)ゲーム内課金は、もっとゲームを味わい深くするような形で入れていく。プレーする人が勝つためにお金を払うような形

5　https://www.nintendo.co.jp/ir/events/150508qa/index.html
6　http://business.nikkeibp.co.jp/atcl/opinion/15/279975/071500005/?P=4

にはしない。『品のある』やり方でやりたい」

　いくら収益が低迷したとしても、多様な方向性からマネタイズできる状態であっても、明確に価値提案のポリシーを持っている点に、企業としての品格を感じる。

　ポケモンGOがスマートフォンゲーム市場において、あれだけのヒットとなり、愛される理由は、このようなマネタイズと価値提案の高度な融合を実現したところにあるといえる。

　つまり、利用者に対して「ゆるやかな」マネタイズを実現するように、価値提案もそれに合わせて組み立てられており、それがまたユーザーを惹きつけ、そして離さないのである。

　われわれはこのことを覚えておく必要がある。**マネタイズを問題にするときには、「品格」を忘れてはいけない。**そしてそれは価値提案とうまく融合して顧客の納得が得られたときに実現する。

5 マネタイズを組み合わせれば イノベーションの余白は広がる

　あなたは上司から「もっと尖った価値を提案せよ」といわれたことがあるだろうか。いわれたことのある人ならわかると思うが、上司をうならせるような尖ったアイデアを出すことは、そう簡単ではない。大いに生みの苦しみを味わうことになる。

　なぜなら、価値提案を研ぎ澄ませる方法など、なかなか見つからないからだ。特に、今のように多くの人がイノベーションを模索する時代においては、価値提案のイノベーションの余白は、そうそう残されてはいない。

　筆者の知る範囲でも、多くのビジネスパーソンは熱心にさまざまな理論を勉強している。古典的なマーケティング理論であるコトラーの理論体系や、レビットのマーケティング近視眼、ムーアのキャズム理論や、ジョンソンのホワイトスペース、キム・モボルニュのブルーオーシャン、クリステンセンのジョブ理論などなど。これら欧米の理論だけではなく、日本人による関連書籍も多数出版されている。そのため、価値提案におけるイノベーションの余白は、もうほとんど残されていないといえる。

　しかし、それは価値提案ばかりに偏っているために起こる問題なのであり、これにマネタイズを掛け合わせると、そこには未知の大きな空き地があることが見えてくる。マネタイズのイノベーションに関しては、まだまだ余白がある。

　しかも、価値提案とマネタイズを組み合わせれば、より大きなビジネスアイデアが生まれるチャンスがある。つまり、価値提案だけでイノベーションを完結させてなくて済む。これは、大きな視野の拡大になる。

　また、価値提案だけでエッジを尖らせるだけでは、顧客にとって面白みがないものに映ってしまう。価値提案を尖らせれば、それだけコスト

なぜ、マネタイズが重要なのか？　■ プロローグ　　27

がかかることになるが、それがそのまま価格に転嫁されてしまえば、どんどんとプロダクトが高額になるだけであり、それを購入できるユーザーは少なくなってしまうだろう。

そのため、価格を下げて低収益か赤字でも販売せざるを得なくなる。特に、ものづくりで成功を収めてきた日本企業は、価値提案を充実させようとする傾向にあるが、マネタイズがそれについてきていないため、利益を収穫できずに撤退や解散といった結果をもたらす。

特に、家電メーカーのそれが顕著である。シャープや東芝などは、家電メーカーとしてよい製品をつくっていたが、デジタル家電の時代になり業績を急激に低下させた。アップルのような後発企業にポジションを完全に奪われた。それは単にコスト効率がよかったからという理由ではない。工場を持たないファブレス生産方式のアップルはむしろ日本の家電メーカーと比べて、当初の製造コストはかかっていたはずである。それよりも、App Store や iTunes といった価値提案で、後から機能をアップグレードできることや、それに伴うマネタイズを充実させて、ライフスタイルに寄り添ったことで覇権を奪ったのである。

価値提案を尖らせるというのは、同業他社と比較して異なる価値提案を見せるということである。ただし、それだけで売上を上げて利益を得ることは直ちには難しいことから、価値提案を尖らせる企業ほどマネタイズを充実させているのだ。

企業価値創造は顧客への価値提案とマネタイズによって完結する。あなたのビジネスが、どちらを先行して考えようとも両者の融合は不可欠だ。

逆に、価値提案とマネタイズの高次元な融合が果たせたとき、あなたのビジネスは劇的な成果を生み始めるだろう。

本書では、そうしたケースをとりあげ紹介する。価値提案とマネタイズを複合的にとらえる視点がいかに重要であるのか、以降で紹介するケースを読み進めながら確認していただきたい。

第 **1** 章

価値提案の
イノベーションを
マネタイズで補完する
テスラ

「わたしは、テスラが自動車メーカーだとは思っていない。世界には自動車メーカーはたくさんあるが、欠けているのは持続可能エネルギー企業だ。そうした存在になることが、テスラが達成すべきことだ[7]」
イーロン・マスク

2017年7月、新型電気自動車の納車が始まった。かねてから噂のあった「モデル3」である。テスラは多くの人々が購入できる、新しい「乗り物」を発表した。メーター類もなく、スイッチ類もほとんどない。すべてがこれまでの車とは違っている。
伝統産業ともいえる自動車産業に2003年に参入して以来、テスラは他の自動車メーカーを脅かし、またベンチマークされる存在となった。テスラのすごさは、先進性という価値提案に目が向きがちであるが、本質はそれを支えるマネタイズにある。

7　https://wired.jp/2017/07/23/to-understand-elon-musk/

1 「電気自動車は格好悪い」という
価値観を変えた

　テスラモーターズは、2003年7月1日に設立された電気自動車（EV：electric vehicle）の会社である。電気モーター技術の道を開いた発明家のニコラ・テスラに敬意を表して名付けられた。設立当初、イーロン・マスクは共同設立者のうちの一人だった。

　マスクがCEOに就任した2008年、最初のモデルであるロードスター（Roadster）が発表される。この車は、なんとオープンの2人乗りスポーツカーだった。シリコンバレーの新参者らしく、テスラは「電気自動車は格好悪い」という概念をくつがえすのに、これ以上ないほどの1台を颯爽と登場させたのだ。

　何より驚かされるのが、その強烈な加速性能だ。停止状態から時速60マイル（時速約100km）までの到達時間は最高で3.7秒を誇った。これは当時の30万ドル程度のスーパーカーでも到達するのが難しいほどの数字を叩き出していた。

　このことは同時に、EVの無段変速によるスムーズな加速を売りに、ガソリン自動車では到達するのが困難な運動性能を、EVでは、いとも簡単にやってのけられることを示した。

　アメリカで国産車が売れない状況で、「電気」で誰もが憧れるクルマをつくり、多くの人を魅了した。それは、当初のモデルが9万8000ドル（日本円にして約1000万円）だったにも関わらず、その予約枠がすぐに完売したことにも表れた。トータルで2500台が生産された。後に生産調整されて日本にも輸入されたが、1300〜1500万円という高価格な車であった。

　環境負荷がまったくない点は、EVならでは。排ガスはゼロで、自宅で充電できる。しかも、いったん充電すれば、約400km航続可能であ

ることも大きな魅力だった。

電気自動車の可能性と未来を見せる

その当時、実質200km 程度しか走行できない EV が多く、またそれらが軽自動車程度の小さな車体であり、「ゴルフカートの延長」と揶揄されていた背景を考えれば、テスラのそれは驚きのスペックであった。

テスラの目的は、電気自動車の可能性と未来を見せることだった。ロードスターはその役目を十分に果たしたといえる。

そして2012年、テスラは実用性を高めた5人乗りの高級セダンであるモデル S を発表する。これは実用的な4ドアモデルを、ロードスターよりも手ごろな価格で投入し、ベンツや BMW、アウディ、レクサス、といった高級セダンという確立されたセグメントに乗り込んだのだ。

続いて SUV（Sport Utility Vehicle：スポーツ用多目的車）であるモデル X も発表、発売された。

ここではまず、先進性をアピールしてきた中心的存在であるモデル S を中心に、テスラのマネタイズと価値提案を分析したい。

8　日本導入時のエントリーモデルで823万円。

2 常に「進化する車」を 顧客に提供する

テスラの代表的な車種である「モデルS」は、その先進性を最も象徴している。

モデルSの最大の特徴は、オンラインで常にテスラ社とつながっている、いわゆる**「コネクティッド・カー」**であるという点だ。

2014年10月、テスラはモデルSに基幹システムである「ハードウェア」を導入した。これにより、ソフトウェアのアップデートによって先進機能を後から随時追加できるようになった。

コネクティッド・カー。それこそが、テスラの先進性とマネタイズを可能にし、"常に進化する車"を実現させた。

車は、新車で納車したときが最新の状態であり、外観もテクノロジーも、その時点から陳腐化が始まる。

しかし、テスラは、スマートフォンのようにオンラインでダウンロードして最新機能をアップデートする仕組みのため、テクノロジーは常に最新の状態に保つことができる[9]。だから、テスラには、外観を除いて「旧モデル」といった概念はない。

しかも、テスラのソフトウェアのアップデートは、ライトの自動点灯機能、車線変更補助、オーディオの機能拡大などにとどまらず、車としてこれからの目玉になる「衝突防止ブレーキ」や「自動運転」などの機能まで含まれる 。これを、他社に先駆けて、全車に最初から導入したのだ。

最新機能は、技術の高まりや法改正などに合わせて、ソフトウェアで更新され、アップデートすれば稼働できるようになっている。

9　多いときでは月に2回ほどのアップデートがある。

■ ソフトウェアで後から車をバージョンアップできる

たとえば、「自動運転」を例にとってみよう。

道路交通法や自動運転の共通の定義すらないときに、テスラは「自動運転」が可能なハードウェアを搭載したモデルSを発売している。詳細は決まっていないが、今後、自動運転は必ず必要になる。革新性を売りにするシリコンバレー発の自動車メーカーだからこそ、最初にこの領域でプロダクトを投入し、印象付けたいと考えたのだろう。

通常の自動車メーカーであれば、定義や規格が決定していない段階でプロダクトを市場に出すことは見送られる。その後の状況の変化によって、すぐに市場に不適合なプロダクトになってしまうおそれがあるからだ。ましてやその国での道路交通法も整備されていない段階では、伝統的な自動車産業では、「やらない」という意思決定になるのは当然である。

だが、テスラは「コネクティッド・カー」という概念で、この問題を解決したのだ。ソフトウェアで最新機能を後から追加対応できる体制を整えれば、販売時には詳細を決定しておかなくても済む。これにより、「自動運転」と呼ばれる分野にいち早く対応できたのだ。

テスラの定義する自動運転は、大きく以下の3つの機能からなる。

1. 前を走る車との車間距離を測りながら、アクセルやブレーキ操作せずとも交通の流れに応じて走行し、車線の両端のラインをカメラで読み取り、その範囲内で操舵をする「オートパイロット」
2. 方向指示器を出した方向に車線変更をする「オートレーンチェンジ」
3. 駐車場に入庫時にセンサーが駐車スペースを読み取って駐車する「オートパーク」

価値提案のイノベーションをマネタイズで補完する　テスラ　■　第1章　　33

テスラはこの一連の機能をパッケージにして「**自動運転（レベル２）**」とした。

　その結果、モデルＳは世界ではじめて2015年11月に「自動運転車」として他メーカーに先駆けてアメリカで承認された。それに遅れて2016年１月に道路交通法の承認を得て、モデルＳは日本でも最初の自動運転車となった[10]。

　以降、テスラはこのような時代を先取りした機能をモデルＳに次々と盛り込んでいる。たとえば、車が無人の状態であっても、スマートフォンのアプリから遠隔でモデルＳを車庫から出せる「**サモン（召喚）**」や、手動運転時にも機能する「**衝突回避ブレーキ**」、細かいところではオーディオの音質向上や、雨を自動感知してワイパーを作動させるなど、多くの機能を追加してきた。その方法は、すべてオンラインでアップデートできる。

　ソフトウェアはβ版のリリースをして、その後バージョンを変えて精度を高めた完成版をリリースすることも可能だ。これにより、ライバルが真似しても、テスラはさらに精度やUI（ユーザーインターフェイス）を高めて対抗できる。

　つまり、ユーザーには「自動車」というモノではなく、「移動に関する、とどまることをしらない革新」による新たな体験を届け続けているのだ。

10　https://www.tesla.com/jp/blog/jp_autopilot0115_2

3 顧客のライフスタイルに応じて カスタマイズできる

　先述の通り、2014年10月以降に生産されたモデルＳには、すでに自動運転のハードウェアが搭載されていた。自動車を購入したときに、自動運転については何も知らされていなくても、2015年11月以降は、テスラの運転席にある大きなモニタに表示されるアップデートの指示にしたがって、すでに登録したクレジットカードで2500ドルを決済さえすれば、自動運転車に進化させることができる（図表１－１）。

　これは必要なアイテムに対して支払いを行う形で進化した、スマートフォンの進化とマネタイズの方法そのものである。新たな体験といった価値提案と、マネタイズが実にマッチしているといえる。

　テスラが評価されるべき点は、そうした価値提案のみではなく、それに合わせたマネタイズによって、ユーザー自身のライフスタイルに合わせた「移動」のカスタマイズができることにある。

　その最たる例が2016年６月に販売した廉価版「モデルＳ60」だ。テスラは、モデルＳ60を884万円で発売した。それまでは日本価格で953万円の「モデルＳ70」が最も安いモデルであった。通常であれば、自動車会社はモデルのバリエーションを増やしたくない。なぜならば、バッテリーパックを小さくしたり、組み立てラインを変えたりする必要があるからだ。それにラインナップが増えることで在庫の管理も複雑になる。しかし、テスラはまったく新しい方法でその問題をクリアした。

　テスラは新しい「モデルＳ75」のハードウェアをそのままに、ソフトウェアのプログラミングをし直すのみで、廉価版にしたのだ。すなわちモデルＳ60は、モデルＳ75の基本機能を装備したまま、プログラミング・コードによって出力を20％制限されている。そのため、モデルＳ60購入者は、後から出力が高く、航続距離も長いモデルＳ75にいつでもモ

価値提案のイノベーションをマネタイズで補完する　テスラ　■　第1章　35

デルチェンジできるのだ。付属の「60」のエンブレムも、アップグレードをすれば1年ごとの点検時に付け替えられるという徹底ぶりである。

そのため、ユーザーは自身のライフスタイルに合わせて、車をそのままにしておくか、アップグレードするのかのオプションを保有できる。

たとえば、都心のマンション住まいの男性が、ふだん使いのために航続距離が300キロ程度（条件にもよるが、カタログスペックではなく通常利用ではこの程度）のモデルS60を購入したとする。自分のライフスタイルでは短距離の往復のみなので、この時点ではそれで満足だ。

しかし、そのうち趣味が変わってゴルフを楽しむようになるとする。

図表1-1　アップデートは運転席のモニタを通じて行われる

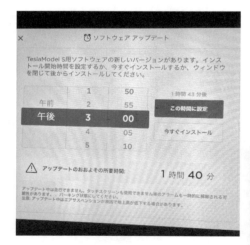

筆者撮影

図表 1-2　急速充電スタンド(スーパーチャージャー)を世界中に配置しインフラも整備する

筆者撮影(TESLA浜松SCおよびTESLA六本木SC)

このとき、現在の航続距離では心もとなくなる。ゴルフ場はかなり山間部にあり、なおかつ仲間を送り迎えすることを考えると、明らかに航続距離300キロではスペックが足らない。車を持っているのに「電気自動車だから」と仲間に乗せてもらうようでは格好がつかない。そんなとき、彼は必要な料金さえ払えば、その場でモデルSを簡単にアップグレードできるのだ。プログラムをダウンロードすれば、小一時間程度で現在のモデルSが別の性能の車へと変わるのだ。これで、ユーザーの変わりゆくライフスタイルに寄り添うことができる。

　つまり、テスラはあらかじめ高性能な車をつくっておきながら、その機能制限したものを安く提供したのだ。アップグレードしたいユーザーは、100万円程度を支払い、後から車を最適なものにできる。これは、廉価モデルあるいは無料モデルから、必要なアイテムに対して支払いを

するという、スマートフォンやアプリのマネタイズと同じことをしているのだ。単に機能制限するだけではなく、それを**「オンラインでいつでも好きなときにできる」**というのが、テスラの方法論である。

　テスラのユーザーは、この点を当たり前のようにとらえている。最近では、バッテリーはそのままに電子的にその出力を上げるアップデートも無料で行っている。毎月のようにアップデートを繰り返すことで、細かな仕様も変更されている。物理的にシートの数やスピーカーの数を増やしたりすること以外は、ほとんどが後からできるのである。

　新たな体験を価値提案するEVに、後から追加できるマネタイズの方法をかけ合わせたのである。それにより、新たな機能がユーザーの手に入り、陳腐化がなくなるという価値提案となった。

　つまり、単なるEVという「プロダクト」から「移動体験」へと、その価値提案を大幅にアップグレードすることに成功した。それこそが、マネタイズによって完結していることを軽視してはならない。

　ちなみにテスラは、2016年10月にハードウェアが大幅にアップデートしたモデルSを発表・発売した。業界における自動運転の規格も整備され、他社も同様の機能を追加するにつれ、テスラはさらに最新の「完全自動運転」を可能にするハードウェア（HW2.0）を搭載するモデルを投入した。

　カメラやセンサーの数も1台から8台に増えて、分析精度も大幅に向上させた。目的地を入力すれば信号を認識し、停止線で止まり、歩行者がいれば徐行、ドライバーが下りれば、車は空きスペースを探して駐車する。つまり、無人運転が完全に可能になる水準にまで高めている。

　現在、そのソフトウェアはテストを繰り返している段階である。法律もいまだ整備されていないため、まだ稼働はしていないが、それらの問題がクリアになれば、追加課金をすることで、モデルSはドライバーいらずの「移動手段」となるのだ。

4 テスラのマネタイズの 2つの特徴

　テスラは価値提案をマネタイズと融合させて、モデルSを成功に導いた。ただし、それは何もオンラインアップデートの追加課金にとどまらない。ここでは、それをプロダクトレベルのものと、ビジネスレベルのものに分けてさらに詳しく見ていくことにする。

■（1）プロダクトレベルのマネタイズ

　ここまで述べたように、テスラは基本性能をアップグレードさせ、特別な機能は有償にてマネタイズを行っている。これは顧客のライフスタイルや成長に合わせて、車もそれに寄り添う意味で非常に重要である。アップデートによって航続距離を高めるといった方法はまさにこれである。

　それ以外にもプロダクトレベルのマネタイズで、テスラがほかの自動車会社と違っている点は、自動車販売会社であるディーラーが販売後のマネタイズを期待していない点である。ガソリン自動車には、消耗品が多く存在する。たとえば、エンジンオイルやラジエター、マフラーなどの各部品などである。EVにはこのような消耗品がない。もちろん、タイヤやブレーキパッド、ワイパーブレードといった摩耗品は依然として消耗するが、ガソリン車と比較して消耗品の数はごくわずかである。

　また、簡単な故障であれば、センターからの遠隔のソフトウェア操作で直るか、再起動で直ることがほとんどである。その点も、まさにコンピューターといえる。それが意味することは、修理に大規模な物理的作業を要しないことから、消耗品によるマネタイズがほとんど行われないということである。

　そのため、テスラにはディーラーという概念はない。ストアという、

価値提案のイノベーションをマネタイズで補完する　テスラ　■　第1章　　39

ショールームが存在するのみである。いわゆる「**メンテナンスフリー**」な車であることが、それを可能にしている。

このような点から、テスラはモデルSのマネタイズをさらに発展させている。メンテナンスと保険をセットにして、アジアの一部地域で「売り切り価格」で売り出したのである。つまり、ほとんどメンテナンスが必要なく、かかるとしてもコストがおよそ推計できる。車は常にテスラ本社とつながっているから、運転のくせや走行距離や、どのように酷使したのかなども把握できるため、すでに多くのユーザーのデータを保有できていることも、その推計が可能な一因であろう。

さらに、これは自動運転を他に先駆けて導入してきたことも影響している。自動運転により、事故率が実際に40%も減ったといわれている。[11]事故率の軽減は、格安の保険を提供できる確たるデータにもなる。不測の事態が減り、ドライバーはより運転に集中できる。

テスラはそのデータを基に、保険まで自動車に組み込んで販売することができるのだ。もちろん、この保険も運転者の用途に合わせて、たとえば免許を取得したばかりの子供が運転したいといえば、カバー範囲を分厚くするための変更を、テスラから直接できるようになるだろう。[12]

これは、自動車ディーラーで新車販売時にどこかの保険会社の保険を併売するやり方とは異なっている。メンテナンスコストも保険料もすでに車両に含まれていることになり、個人であれ法人であれ、事実上一度の支払いですべてが済むことになる。こうした売り切りのマネタイズは、部品消耗や安全性が、ドライバーの判断に大きく依存する旧来のガソリン車では、到底不可能である。メンテナンスにかかるテスラ側のコストも、事故発生の確率もほぼ予測できるという意味で、現在のところ「コネクティッド・カー」であるテスラのみ可能な価値提案とマネタイズであるといえる。

---

11 http://www.gizmodo.jp/2017/01/tesla-crash-rate.html
12 http://www.gizmodo.jp/2017/03/tesla-set-insurance-asia.html

■（2）ビジネスレベルのマネタイズ

　テスラは常にハイエンドクラス（高価格帯）のプロダクトの売上と利益で、さらに手ごろな価格の車をつくるようにマネタイズをしている。すべての顧客層が同じようにプレミアムを感じるわけではない。新しいものが好きな層（アーリーアダプター：49ページのコラム参照）は、先進的であれば金に糸目をつけることはしない。テスラはこのような点を理解して、ハイエンドユーザーから利益を獲得し、その資金をもって普及価格帯のプロダクトを届けようとしている。

　この点は、テスラが2006年8月に発表したテスラのマスタープランから見てとることができる。

マスタープラン：イーロン・マスク秘密の公約[13]（2006年8月）

1. スポーツカーを作る
2. その売上で手頃な価格のクルマを作る
3. さらにその売上でもっと手頃な価格のクルマを作る
4. 上記を進めながら、ゼロエミッションの発電オプションを提供する

　これを見れば、テスラの歩みは行き当たりばったりでもなければ、イーロン・マスクという天才の突発的な衝動の結果でもないことがわかる。10年以上をかけて、マスタープランを地道に、そして着実に達成してきた成果である。それはテスラがリリースしたプロダクトの系譜からも明らかである（図表1-3）。つまり、ロードスターというスポーツカーで、EVの魅力をプレゼンテーションし、超高級層に訴える。当時、ガソリン車のスーパーカーが高額であった時代、それをパフォーマンスで凌駕するEVに一部のユーザーは衝撃を受け、多くのプレミアムを支

13　https://www.tesla.com/jp/blog/new-tesla-model-s-now-quickest-production-car-world

払った。

　その利益をもとに、テスラはモデルSを開発・製造し、市場投入できた。さらに、その成功を受けてSUVであるモデルXを開発し、投入した。両モデルに用意される最高級グレードであるP100Dは運動性能がスーパーカー並みで、価格も日本円にして2000万円前後である。テスラは、その最上級モデルで利益を得るが、そこで得た利益をもとに、一般普及車のモデル3の開発を行った。

　これほどまでに、高額商品で高利益を得ていることをあからさまにしたメーカーがあるだろうか。まさに、マネタイズのあり方を赤裸々にしながらも、環境負荷のない世界へと変化させていこうとしている点に、テスラの事業姿勢がうかがえる。

> ## テスラの明言[14]
>
> 　P100Dルーディクラスは高価な自動車となりますが、その売上は、より低価格のModel 3の開発費用に充てられ、電気自動車を手頃な価格で世界中の皆様にお届けするというテスラの目標に貢献します。モデルSとモデルXを購入してくださるお客様のおかげで、持続可能なエネルギー社会へ、世界が移行することを加速していきます。（2016年8月）

14　https://www.tesla.com/jp/blog/new-tesla-model-s-now-quickest-production-car-world

図表 **1-3** **最高価格帯の収益が高価格帯を、高価格帯の収益が普及価格帯を支える**

Model 3
航続距離400km
0-97km/h 5.6秒（最高）
普及価格帯（5人乗）
常時ネット接続
オンラインアップデート自動運転採用
スーパーチャージャーによる超急速充電

↑ Model SとXの最高級グレードP100Dの
収益が普及車Model 3の開発費用に

基本性能
そのままに
多様化 →

Model S
航続距離630km（最長）
0-97km/h 2.7秒（最高）
高級セダン（5人乗）
常時ネット接続
オンラインアップデート自動運転採用
スーパーチャージャーによる超急速充電

Model X
航続距離560km（最長）
0-97km/h 3.1秒（最高）
高級SUV（最大7人乗）
常時ネット接続
オンラインアップデート自動運転採用
スーパーチャージャーによる超急速充電

↑ Roadsterの収益が
Model SやXの開発資金に

Roadster2.5
航続距離394km
0-97km/h 3.7秒
テスラ初の市販車
高級スポーツカー
先進機能などはない

注：筆者作成。写真提供：テスラモーターズジャパン合同会社。

5 車がお金を稼いでくれる

　テスラは、まだまだ興味深いマネタイズを実現しようとしている。それは、2016年7月に示された以下のマスタープランパート2から読み解くことができる。

　これは一般普及車、モデル3が投入された後の世界をイメージしている。興味深いのは4つめである。「車を使っていない間、その車でオーナーが収入を得られるようにします」とある。

　つまり、テスラのユーザーは、自身が車を使っていない時間に、シェアすることができる。自動運転技術が高まれば、無人の状態でテスラがライドサービスを行うことになる。現在、UBERやLyftが自家用車とそのドライバーをシェアしたライドサービスを行っているが、それをテスラがやろうというのだ。

　ただし、そのやり方が人を使うものではないということだ。それを自動運転可能な自社モデルを、テスラがユーザーから借りて、自動運転によるライドサービスを行う。そこでテスラが稼いだ運賃のうちいくらかをオーナーに支払うというモデルである。

マスタープランパート2[15]（2016年7月）

1. バッテリー ストレージとシームレスに統合された素晴らしいソーラールーフを作ります。
2. すべての主要セグメントをカバーできるよう EV の製品ラインナップを拡大します。
3. 世界中のテスラ車の実走行から学び、人が運転するよりも10倍安全な自動運転機能を開発します。
4. クルマを使っていない間、そのクルマでオーナーが収入を得ら

> れるようにします。

　これが意味するところは、**車を不動産のように収益物件として販売する**ということだ。つまり、ユーザーは初期投資をしてテスラ車を手に入れれば、それを空いている時間に他人に貸し出すことで収益が得られることになる。

　これにより、初期投資を回収して、最終的には正味利益を得ることも可能であろう。あるいは、テスラが提供するローンを利用して、月々の支払いをライドサービスの収益で賄い、実質無料、場合によっては利益を出しながら自動車を保有するということが可能になることを意味している。

　すべての鍵は、テスラが描く「完全自動運転」の精度と各国での承認の可否が握っているとはいえ、これまでのマスタープランを着実にクリアしてきたテスラであれば、いつの日か実現することは期待できる。

15　https://www.tesla.com/jp/blog/master-plan-part-deux

価値提案のイノベーションをマネタイズで補完する　テスラ　■　第1章　　45

6 マネタイズを変えて 尖った価値提案を実現する

　イノベーションを目指して、どの企業も顧客への価値提案を尖らせている。操業年数の長さにかかわらず、また規模の大小にかかわらず、近年では顧客に対してどのようなソリューションを届けるのか、その点をあらゆる企業が常に考えているだろう。

　特にテック（技術）系のスタートアップ企業は、価値提案が命であると考えている。既存のビジネスを覆す技術や、ソリューションを日夜考え、「ディスラプション（破壊的イノベーション）」を狙っている。

　どの企業も顧客への価値提案の先進性を唱える。もちろんそれは最重要項目であるとしても、それだけではイノベーションは実現しないことをテスラの事例は教えてくれる。

　テスラは、従来の自動車会社とは異なるシリコンバレー流のアプローチで、顧客価値提案のイノベーションを行っているが、それはそれに合わせたマネタイズの変更によってはじめて実現する（図表1-4）。

　価値提案先行のイノベーションは、ともすればあまりに先進的すぎて顧客を置いてけぼりにすることもある。そうなると、自分には関係ない、それを導入するには高すぎる、といった感覚から顧客はそのプロダクトを買わず、様子を見ることになる。その結果、企業は投資回収すらままならなくなり、そのイノベーションは打ち切られる。いわゆる「**キャズム**」に陥るのだ（49ページのコラム参照）。

　テスラの技術は、主に新しいもの好き（イノベーターやアーリーアダプター）だけが、反応しがちなものであると考えられる。しかし、マネタイズを工夫することで革新的な機能を身近にして、ユーザーが「自分事」となることを示し、他の層にもアピールしたのだ。具体的には、自動車価格を引き下げ、最低限の機能で十分なユーザーはそのままでいい

図表1-4 従来の自動車企業から価値提案を変革させマネタイズをそれに最適化した

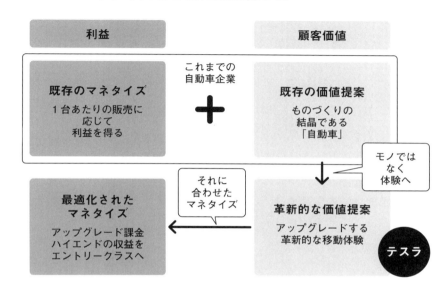

が、その後、機能を充実させたくなったユーザーにも、後から追加購入できるというスマートフォンやアプリのようなマネタイズを導入した点である。

あるいは、テスラ車の購入を躊躇するユーザーに対しては、その売上が普及車の研究開発に使われることを明言し、エコ社会の実現に一役買うという自尊心をくすぐる工夫も特筆すべき点である。

このように、従来の自動車会社とは異なる尖った顧客価値提案を、マネタイズによって保管することで、「自分事」にすることができた。

一般にテック系企業は、技術を中心とする価値提案に偏りがちな傾向にあるが、テスラが特異であるのは、マネタイズを駆使したり、収益にこだわっている点である。それが、投資家からも歓迎されている。[16]

---

16 2017年4月10日、テスラの時価総額は一時510億ドルに達した。GMとフォードを抜き、アメリカの自動車企業で1位となった。後発企業でありながら、また資本が圧倒的に小さいながら、巨大企業の時価総額を上回った。これはテスラがもたらす将来収益への期待感を表している。

ただの技術先行企業でなく、イノベーションから収益を獲得しており、顧客接点ごとにその思想を読みとることができる。まさに、顧客接点を大切にしつつ、収益をとるポイントと、そうでないポイントにメリハリをつけたビジネスを生み出したのだ。

学び

- テスラのビジネスは、価値提案の先進性だけでなく、それを顧客の自分事にするマネタイズが融合することで成立している
- ものづくりのビジネスにおいて、ユーザーのニーズに寄り添った「革新的な移動体験を重視した」価値提案をしていること
- その移動体験を実現するために、それに最適なアップグレード課金というマネタイズを選択したこと

マネタイズ理論コラム①

「自分事」でキャズムを越えろ

　一般にハイテク製品を使う顧客は、「イノベーター」「アーリーアダプター」「アーリーマジョリティ」「レイトマジョリティ」「ラガード」の5つのタイプに段階的に区分される。

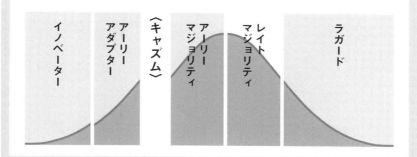

図表 1-5　アーリーアダプターとマジョリティの間にあるキャズム

　イノベーターとアーリーアダプターに訴求できれば、新技術は急激に広がっていくとされていた。

　しかし、そこからマジョリティへと移行することが困難であり、その段階で終焉を迎えるプロダクトが数多く存在した。このような断絶が「キャズム（溝）」である。

　テスラは2006年のマスタープランから、EVの導入当初はアーリーアダプターによって支えられることを認識していた。そのため、アーリーアダプターからの収益でアーリーマジョリティやレイトマジョリティに向けて放つ、一般普及車の開発を進め、いよいよそれを投入する時期に来ている。

　テスラの偉大さは、キャズムを認識しつつ、それを越えてマジョリティに「自分事」にするさまざまな仕掛けを体系化し、それを実現してきたことにある。

特に世界各国では、さまざまな災害が起こり、持続可能なエネルギーが重大な関心事となっている。その点で、テスラは単にハイテク企業というよりは、環境に負荷をかけず持続可能な生活を続けるためのソリューションカンパニーとして、多くの顧客層に「自分事」として訴えかけている。

第 **2** 章

地域コミュニティを
マネタイズで
表現する
ピーターパン

菓子パンの売上で世界一の記録を持つ会社。それが千葉県船橋市にある
ピーターパンである。同社は、メロンパンに限って、9749個を1日で販
売したとして2015年11月にギネスワールドレコーズ®に認定された。

船橋市の店舗にはいつも行列が途切れない。週末ともなると、家族連れ
がやってきては大量のパンを買い、同店に併設された公園のようなオー
プンスペースでそのパンを食べる姿が見られる。子供からお年寄りまで、
その年齢層は幅広い。それは単にパンを買いに来たお客の集まりではな
く、ひとつの地域コミュニティという印象を受ける。

ピーターパンは、コミュニティ形成という価値提案で世間の耳目を集め
るが、その本当の強さは、マネタイズも価値提案に最適化されて設計さ
れている点にある。価値提案とマネタイズがいかに融合しているのかを
見ていただきたい。

1 子どもが喜んでくれる 仕事がしたい

　西欧風のメルヘンチックな店舗の外観、よく気の利く店員、くつろぎの場、子供たちの声、できたてのパン。千葉県船橋市にあるピーターパンは、そんなふうに地域の皆から形容されている。

　現会長の横手和彦がピーターパンを創業したのは1978年のこと。東京の大学を卒業した横手は、地方の信用金庫に就職したのち、思い立って仕事をやめ上京する。その後、飲食業を営み、一定の成功を収めたが、一念発起して33歳でパン製造業に転身した。そのきっかけは、娘に働く姿を見せたかったからだという。

　飲食業を営んでいるときに、一度長女を店に連れてきたことがあった。幼い長女は横手が接客する姿を見て、「パパはお酒を飲んでばかりで仕事をしていない」といったという。それが転機となった。

　子煩悩の横手は大きなショックを受ける。子どもが喜んでくれる仕事、そして子供に仕事をしているところ見せなければと決意する。そうして、知人が営むパン屋のおいしさにほれ込み、修行を始めた。

　パン屋を志すタイミングは遅かった。多くが20代、早ければ10代の若者が長らく修行して、やっと一人前になる。他のものづくりの世界と同じく、パンづくりも甘いものではない。

　独立してパン屋を開いたとしても、すでに街には多くのパン屋があり、勝てる見込みなどない。33歳の横手は、3年間の修行の約束を半年間で終え、すぐさま「ピーターパン」を開業する。

2 子どもやコミュニティを大切にした パン屋をつくる

　半年の修行で創業した横手は、すぐにパン製造技術の未熟さを痛感する。しかも、世の中にはいくらでもおいしいパン屋がある。普通にやっても後発で勝てるはずがない。そこで、店を営みながらパンの勉強をし、どうやったら顧客に喜んでもらえるのかを考え続けた。もちろん、その間、材料の良さや誠実さを大切にしながらも、パンの勉強を続けた。そのときから、横手はそれを一人で考えずに、顧客を見ながら、あるいは会話をしながら、「状況」を観察していたという。

　技術が未熟でもおいしいパンで喜んでもらおうと思い、パンに使うあんこ、カスタード、カレーは手作りにこだわる。そして、それが付加価値と認識され始めた。

　しかし、それでは商品として優れているだけである。店そのものの強みではないことは横手も承知していた。そこで、横手は顧客と会話を重ねながら、ひとつの価値提案のポイントを思いつく。

「できたて、焼きたてならば、技術が未熟でもおいしいと思ってもらえるのではないか？」

　その気づきが、ピーターパンが後にヒットするきっかけとなった。「焼きたて」「揚げたて」「つくりたて」の「３たて」の原型であり、今もピーターパンの価値提案を支えている。

　その後、店は繁盛し始め、横手は複数の店舗を開業するまでになった。その中には、当時珍しかった宅配ピザの店もあった。ピーターパンの最初の店舗で培った価値提案を横展開し、ビジネスは軌道に乗った。

　その頃横手は、店頭から退き、マネジメントに徹するようになった。売上高を伸ばすために店舗を管理する。いわば数字によるマネジメントである。それを続けるうちに、数字は伸びていく。通常の経営者であれ

地域コミュニティをマネタイズで表現する　ピーターパン　■　第2章　　53

ば、ここで満足する。

　しかし、横手はそれに疑問を持ち始めた。ピーターパンの最初の成功から20年が経っていた。

　そうして、また横手は思い立つ。横手自らが店舗に立ち、パンを売りながら、地域の役に立っていく、そして子供を幸せにしていきたい。数字ばかり追わずに、規模も追わずに、ただ顧客のことを考えた店づくりがしたい。原点からやり直そう。

　そう決意し、会社を根本からつくり変えた。子どもやコミュニティを大切にしたスペースを併設するパン屋がオープンしたのは1999年のこと。それが現在のピーターパンである。横手はこのときすでに55歳であった。

3 ファンになってもらうための仕組みづくり

「ちょっと贅沢、ちょっとおしゃれな食文化」。それが横手が唱える、ピーターパンの価値提案だ。その価値提案は、さまざまな打ち手によって支えられている。順番に見ていこう。

まずは、なんといってもパンのおいしさである。そのおいしさを支えているのが前述した「焼きたて」「揚げたて」「つくりたて」の「3たて」というコンセプトである。

これらをスローガンで終わらせずに、徹底するための取り組みを日々粛々と実行している。具体的には、「3たて」の定義を、できてから30分とし、それ以上時間の経ったものは、「焼きたて」の札を外すようにしている。

「3たて」をいかに実践しているかは、店舗に行けばわかる。顧客が自分のトレイにパンを置き、店を回遊している間に新しいパンが焼き上がると、店員は迷うことなく古いパンを焼きたてのパンと交換してくれる。交換された古いパンは試食用に回されて、再活用される。

名物のカレーパンにも秘密がある。それは一度に大量に揚げずに、通常の半分程度しか揚げられない大きさのフライヤーを使って、こまめに揚げることだ。それによって、常に揚げたてが出来上がるようなオペレーションになっている。

また、横手は意図的に商品数を絞っている。これは、「選ぶ楽しみ」よりも「できたて」を提供したいためである。そのために、あえて商品のアイテム数を100以上に増やさないことを心掛けている。

このようなコンセプトが受けて、ピーターパンは平日であれ、休日であれ、どの店も大賑わいを見せている。できたてが食べられるから、人々が集まる。その結果、回転数が上がり、さらにできたてが食べられる、

地域コミュニティをマネタイズで表現する　ピーターパン　第2章　55

という好循環を手繰り寄せたのである。

■ コーヒーを無料で提供し、その場で食べてもらう

　さらに「3たて」を実現する仕組みがある。それが、場を楽しんでもらうようにしていることだ。

　店外には必ずブランコなどの遊具や、公園のようなスペースを設け、そこでパンが食べられるようになっている。

　あるいはパンを購入したお客様には、紙製のカップが渡され、お客様は無料の自販機でコーヒーを飲むことができる。そうすることで、家に帰って食べずに、その場で食べる人が多く見られるのだ。

　平日はお年寄り、土日は家族連れが、このスペースを埋め尽くす。そうして、家に持ち帰るというタイムラグをなくして、さらにできたてを賞味できるという仕掛けになっている。

　それだけではない。ピーターパンでは徹底的に子どもを大切にする取り組みを実施している。子どもがファンになってくれることが重要という考えなのだ。子供好きの横手ならではの、子供への配慮が、多くの顧客を毎日のようにピーターパンへ向かわせている。

　結果的に、地域の人々が集まり、コミュニティが復活した。それは現代ではあまり見られなくなった光景といえる。

4 「子ども」「女性」「コミュニティ」に こだわる

　こうしたサービスを提供するうえで、横手は特定の顧客層を想定している。横手の言葉を借りれば、**「パンを食べる人で、かつ家庭の中にいる人」**だという。そもそもパンを食べる習慣がある人で、なおかつ家族と同居しているということが重要である。

　デモグラフィック的には、夫婦と子ども2人で祖父母と同居している主婦がメインの顧客層であるというが、横手はここで顧客の分析をやめない。より具体的に、その顧客層の「何かと時間のない朝であるが、食べることに対して妥協したくない状況」を想定している。

　ポイントは**「状況」**である。この状況は、毎日を想定すれば「主婦」が該当すると思われるが、土日になれば、朝ゆっくりする時間ができるので「働く独身者」にも該当する。ただし、「子ども好き」であることが条件である。

　このような顧客の状況を特定し、店舗をそれに最適化してきた。外装の優しい雰囲気、スタッフのホスピタリティ、ゆったりとした時間の流れる空間づくり、そしてクリスマスや年末のイベントなどを通して子どもに喜んでもらう数々の取り組みがまさにそうである。そうして「ちょっと贅沢、ちょっと豊かな」食文化を提供しているのだ。

　これまで、「朝忙しい人」はターゲットではなかった。しかし、評判を聞いて週末のみ訪れる顧客層も増えるにつれて、なかなかお店に行けない人でもピーターパンのパンを食べたいという要望が増えてきた。

　あるいは、最近では「車を持たない」人も増えてきている。そのため、郊外にあるピーターパンの店舗になかなか出向くことはできない。

　そこで横手は、JRの駅の中に「ピーターパンJr.（以下、Jr.）」という小さな店舗を構え、そこで品数を絞って商品を販売することを始め

地域コミュニティをマネタイズで表現する　ピーターパン ▪ 第2章　　57

図表2−1　駅中にあるピーターパンJr.

写真提供：ピーターパン

た。現在は、船橋駅と千葉駅に2店舗を構えている。

　Jr.は「ちょっと贅沢、ちょっとおしゃれ」という価値提案に賛同するが、「朝忙しい」状況にあり、物理的に出向くことのできない人が平日利用するためのお店である。興味深いことに、そのような人も、週末になれば郊外のピーターパンの店舗に出向くという。

　このように、ピーターパンは、特に「女性」と「子供」、それに「コミュニティ」にこだわった価値提案がなされている。

5 パンを一緒に食べる コミュニティをつくる

　2017年現在、ピーターパンの年商は19.6億円。単独店５店舗と、駅中のテナント２店舗、合計７店舗でその数字を実現する。単独店は１店舗あたり約３億円弱の年商である。

　パンの製造販売業で３億円を稼ぎ出すことが、いかにすごいことなのか。ひとつあたりの平均単価が200円程度であるから、１店舗で150万個、300日営業で換算すれば、１日あたり5000個を販売する計算になる。１分に６個以上を売る。あくまで平均値であるが、それが毎日続くことは驚異的な数字といえよう。現に冒頭で述べたように、メロンパンだけで１店舗9749個を売り上げたのもうなずける。

　しかし、それはどうやって実現されたのか。どうやってそこまでの認知を得るようになったのであろうか。その要因は、**横手が顧客目線でとことん考える**というのがポイントだ。

　どんなパン屋だったら行きたくなるのか。あのときの幼い娘は、どうやったら喜んでくれるのか。横手の原動力は、まさにそこにある。とにかく子供に喜んでもらいたい。どうやったら子供が楽しい場所になるのか。それは、街中に「小さなディズニーランド」をつくりたい、という発想につながっていった。

　たとえば、わざと線路から見える場所に新店をつくる。しかも、その外観がメルヘンチックである。それにより、朝通勤する人たちに、建設中から気に留めさせるのである。「あれはいったい何？」と思った人たちから、瞬く間に噂は広まり、開店前にはすでに広く認知されているという（図表２－２）。

　ピーターパンは、現在も多くの人でにぎわっている。土日はわざわざ自家用車で乗り付け、たくさんのパンを買い、顧客は満足そうに帰って

地域コミュニティをマネタイズで表現する　ピーターパン　■　第２章

図表 2-2 メルヘンチックな外観で顧客を魅了する

写真提供:ピーターパン

いく。子供たちも喜び、大人もまたゆっくりと時間を過ごす。まさに「小さなディズニーランド」がそこにある。

　ピーターパンの強みはすべての逆境を、プラスに変える横手の発想の転換力にある。製パン技術が未熟であれば「3たて」を打ちだし、それをとことん実践する。そして、商品だけではなく、場や空間でもそれを実現する。

　ピーターパンがコミュニティとして認識されるようになったのは、まさにこの「3たて」の実現にこだわったからである。できたてを食べてもらうには、つくってからの時間が短いほうがいい。それには持って帰

図表 2-3　コミュニティとしてのピーターパン

写真提供：ピーターパン

るより、買ったその場で温かいうちに食べてもらうほうがいい。そこで食べる場をつくったのだ。

地域コミュニティをマネタイズで表現する　ピーターパン　■　第2章　　61

6 「儲けなくていい顧客・商品・場」を 考える

　ピーターパンを論じる際に、価値提案ばかりが目立つ特徴としてとり上げられるが、実はそればかりでは成功しない。同社の場合、尖った価値提案に合わせたマネタイズの考えが徹底されているのだ。

　たとえば、無料のコーヒーである。これに関して、横手は一切の妥協をせずに、コーヒー自販機のメーカーととことん打ち合わせて導入を決定した。当時、スターバックスが日本に出店し始めていた頃である。コーヒーは値段が高く、ドリップコーヒーでも300円は下らない。そうした既存のコーヒーよりもおいしいのに、それを無料で提供することを始めたのだ。

　通常、パン屋併設のカフェであれば、当然コーヒーでも課金しようと考えるだろう。しかし、横手はカフェを営みたいわけではない。横手が作りたかったのはコミュニティである。「おいしいコーヒーは、そこに来る理由」でなければならない。そのため、いくらそれが上質なコーヒーであっても、それには課金しない（無料）と決めたのである。

　また、それと同時にピーターパンは子どもに来てほしい場所である。子どもの声が聞こえることが、コミュニティとして大切なことである。そのため、子どもに対して遊具などを提供する必要がある。それも出来合いの家庭用遊具ではなく、公園のようなたたずまいの遊具を、コストを投下してつくったのだ。

　あるいは、クリスマスや正月などのイベントや、そこでふるまわれるプレゼントなども当然に、無料である。自分の子供によくしてもらうことで、親は喜び、ピーターパンへ来る理由が生まれるからだ。

　こうした価値提案は自動的に行われるのではなく、徹底した従業員教育と経営者の目が行き届いていないと実現しない。そのため横手は、千

葉近郊でしか店舗を運営しないと決めている。かつて店舗を増やして売上を追いかけるようになってしまったことへの反省から、規模を拡大しないと決めたのである。

　もちろん、儲けたくない経営者などいない。しかし、それは「いくらでも儲けたい」という基準とはわけが違う。利益を必要最低限の基準と考えていれば、**「儲けなくていい顧客・商品・場」**などが見えてくるのだ。それを価値提案に合わせて設計している。「コミュニティ」であるという価値の訴求ポイントに合わせて、儲けないポイントを決めるなどしてマネタイズが最適化されている。

■ どこで儲けて、どこで儲けないか

　横手のように「利益はこれだけあれば十分」と判断できる経営者は多くない。事業存続のためには、顧客に十分なサービスを与え続け、設備のアップデートを続けるには、どれだけの投資と維持費、そして会社には留保利益が必要であるのかを明示的にとらえる必要がある。もともと銀行員である横手は、そのあたりの経営数字の計算が得意なのだろう。つまり、事業の存続に必要な利益を、価値提案に照らし合わせて、何で回収するのか、というポイントを押さえているからこそ、その反対にどこで儲けないのか、というポイントもはっきりしているのだ。その線引きのもとで、「規模を大きくしない」「いたずらに利益を追わない」が、実現する。それにより、価値提案も「できたてのパン屋」から「コミュニティ」にまで昇華された。

　価値提案は重要であるが、マネタイズもそれに合わせて、課金するポイントとしないポイントを見極めることが重要である。この点を、ピーターパンは私たちに教えてくれる。

地域コミュニティをマネタイズで表現する　ピーターパン　■　第2章　　63

7 マネタイズが価値提案に 最適化される

　横手は、「コミュニティを形成したい」という気持ちをもとに、ピーターパンをただのパン屋以上の存在に成長させてきた。ともすれば、それは価値提案のすごさだけで片づけられがちだが、真の偉業は、価値提案にマネタイズが最適化されていることだ。

　横手が理想とするコミュニティは、彼の地域への思いがないと継続しない。それは「目の届く範囲でしか拡大しない」という規模拡大方針と方向性をひとつにする。

　その理由は、一時数字を重視した経営を行ったことへの反省でもあるからだ。

　顧客を満足させることが企業の目的であったはずが、いつの間にか数字、しかも売上を高めることが目的化してしまう。それは規模の拡大とともに生じ、数字ばかり追うことに疲弊してしまったのだ。

　その後、今一度、顧客満足を見つめ直す経営を始めるが、今度はきちんと数字も一緒に考えるようになった。まさに、価値提案とマネタイズのいいバランスを知って、再スタートがきれたのである。

　繰り返しになるが、事業にとって、最も大切なものは顧客への価値提案であることは間違いない。しかし、ピーターパンのようにコミュニティ形成を目的とする場合、事業の存続は特に重要だ。それは、すべての費用とリスクを賄うことによって実現する。

　つまり、利益に対するしっかりとした考え方が必要なのである。では、私たちは、利益に対してどのような考え方を持てばいいのだろうか。

■ 必要な営業利益を積み上げ式に逆算する

　一般的には、商品やサービスの顧客価値提案が決まった後に売上（価格×数量）が決定し、そこからコストを差し引いて利益が生まれると考えられている。

　しかし、それだけではほとんどのビジネスは、早期に破綻してしまうだろう。利益は売上からコストを差し引いた「残り」ではあるが、それが最初からどれくらい必要なのか知っておくことが重要だ。そうすることで、どのような経営を行えばいいのかが見えてくるからだ。

　会社のすべての原価を回収し、従業員が幸せになれるだけの給料を賄い、固定設備を維持できるだけの減価償却をし、将来の投資に向けて必要な内部留保を蓄える——。

　このように、**必要な営業利益**を積み上げ式に逆算して考えることが大切である（68ページのコラム参照）。横手もこの点は重視しているという。

　ここから逆算すれば、必要な売上高の規模は簡単に推計できる。四則演算でよいのだ。そうすれば、欲しい営業利益との比較で、必要な**ROS**（売上高営業利益率）も見えてくる。これを基準に、儲ける商品と儲けない商品を決めていくのだ。それが顧客価値提案の実行精度を高めるマネタイズのあり方である。

　ピーターパンの事例は、まさにこの点を私たちに教えてくれる。顕著なところでは、コーヒーは無料、テラスでぼんやりとしていることも無料であり、明確に儲けない商品であるといえる。これは、コミュニティとして必要な機能と考えているため、横手はそれに課金しないと決めている。

　価値提案はコミュニティではあるが、大人からパンでマネタイズするというスタイルをとっている。「ちょっと贅沢、ちょっとおしゃれな食文化」を提供する、コミュニティ創造企業である。横手自身も自分はパン屋だと思っていないという。あくまでも地域のコミュニケーションを

地域コミュニティをマネタイズで表現する　ピーターパン　■　第2章　　65

一番に考えているのだ。それを税収でマネタイズするのであれば、地方自治体であるし、会費でやりくりすれば町内会である。横手との対話からは、それをパンでマネタイズしているだけである、という考え方がひしひしと伝わってくる。

しかも、パンのマネタイズにも、必要営業利益率に照らして、それを上回る、あるいは下回る価格設定が、厳密になされており、それが「儲ける」商品と「儲けない」商品として棚に並んでいる。

横手によれば、贅沢を感じてもらうような手の込んだ商品は、原価の高騰によって原価プラス利益で価格設定すると高くなってしまうから、あえて価格を抑えて「儲けない」商品に設定しているという。つまり、すべてを製造原価に照らして一律のマージンを加えて価格設定をするというやり方は、一切していないのだ。顧客が買おうと思うか、ということを念頭に吟味されている。

このように、価値提案に対してマネタイズが最適化されていること

図表 2-4 ピーターパンは価値提案を変革しマネタイズを最適化させた

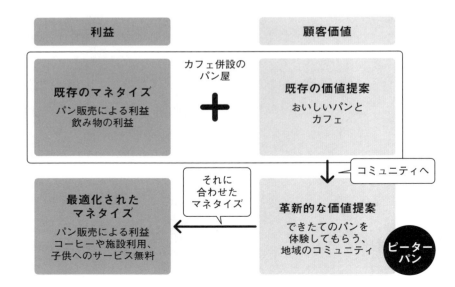

で、顧客満足度の高さと、高収益が実現している。

　規模の拡大によって、それが崩れてしまうこともある。この点も留意して、自社にとってのビジネスの最大規模を定義しておくことも重要である。

学び

- ■パン屋ではなく、コミュニティ形成企業であると自社をとらえている
- ■価値提案は広くとりながらも、儲けないポイントを明確にしている
- ■コーヒーや憩いの施設などの儲けないポイントでも、一切手を抜かない。それは価値提案の実現に不可欠だから
- ■儲けないポイントも顧客価値提案と深く関係している。すべての顧客接点で儲けようとしていないか、今一度、自身のビジネスを見直してみよう

マネタイズ理論コラム②

損益計算はボトムアップ・アプローチで評価する

　ビジネスの結果、売上（トップライン）からはじめて利益（ボトムライン）がいくら残るのか、というトップダウンの考え方が通常の財務諸表のとらえ方である。

　これに対して、顧客価値とマネタイズを一致させるには、存続に必要な利益（ボトムライン）から定義して、必要な売上高を定義する**ボトムアップ・アプローチ**が有効である。

　ボトムアップ・アプローチは、利益を結果として受け入れるのではなく、最低限必要な営業利益を定義し、それをどのようにして生み出すのかという考え方である。

　具体的には、必要営業利益にコストを積算すれば、必要な売上高が理解できる（図表2－5参照）。それ自体は、積み上げで計算するためイメージがしやすいだろう。

　問題は、ベースとなる必要営業利益をいかにして定義するのかという点である。

　単純に考えるなら、必要な営業利益額は、①資本提供者の取り分（負債返済額含む）、②経営者の報酬、③税金が挙げられる。来期以降もステークホルダーの協力を取り付けようとするならば、少なくともこれらをカバーするだけの営業利益が必要である。特に①の資本提供者の取り分は、ファイナンスでいう**資本コスト**が基準となる[17]。

　これに加えて、来期以降も価値提案をブラッシュアップしていく必要があるので、④戦略的な投資にかかわる金額（製品のバージョンアップに必要な設備投資など）も加算する必要がある。つまり、

17　資本構成によって調整された加重平均資本コスト（WACC；weighted average cost of capital）が、達成するべき利益率として利用される。

図表 2-5 必要利益から売上高を逆算する

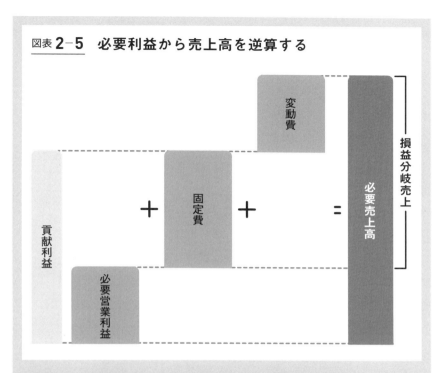

来期以降の投資計画に応じて必要な内部留保である。さらに、ビジネスを安定的に継続させるため、突発的事象への備え（リスクへのバッファー）としていくらかを積み増しておくということも必要だ。

　このように、必要利益額は、必要とする金額を経営者自身が定義するところから始まる。必要営業利益を得られさえすればよいので、その実現の方法は経営者に委ねられる。

　具体的には、すべての商品で一律のマージンで積み上げる方法もあれば、マージンをばらつかせながら実現する方法もある。特に後者のやり方であれば、どの商品でこの基準をクリアし、どの商品はクリアしなくてもよいのかを決められるので、ビジネス展開に幅が生まれる。

　ただし、それには対象とする顧客層と、彼らに何を提供するのか等の価値提案とともに考える必要がある。そうして、その価値提案

で欲しいだけの利益を得るストーリーを想定できれば、価値提案とマネタイズを融合させたビジネスアイデアが生まれるだろう。

なお、このようなボトムアップ・アプローチとして、著名なものが、マグレイスとマクミランの**仮説指向計画法**（DDP：Discovery-Driven Planning）によって示された逆財務諸表（reverse financial statement）であり、イノベーションを起こす際の財務計画法として用いられている。

ピーターパンは、まさにこうした考え方で、必要利益額を意識しながらも、儲けるサービスと儲けないサービスを明確にし、同時に顧客への価値提案を実現している。

第 **3** 章

思いを貫くために 非常識な マネタイズに挑む

LDK

出版不況で、廃刊や休刊に追い込まれるものが多い中、創刊4年で発行部数を3倍に伸ばした雑誌がある。[18]「テストする女性誌」の『LDK』は、後発の雑誌としては異例の売れ行きを見せている。出版するのは、1995年創業の晋遊舎（東京都千代田区）。ほかにも、LDKのもととなった「テストするモノ批評誌」の『MONOQLO』と「ホンモノがわかる家電情報誌」の『家電批評』を発行する。LDK編集長の木村大介いわく、「雑誌不況だと思うんですが、それってこれまでの雑誌のビジネスモデルが崩れてきているということですよね。でも我々は最初から昔のビジネスモデルを無視しています。部数が上がっているのも『雑誌不況じゃない場所』にいるからだと思っています」と語る。[19]

出版業界で、非常識な価値提案を非常識なマネタイズで実現する、LDKのビジネススタイルとは。

18　産経新聞2017年05月15日。
19　http://wotopi.jp/archives/55284

1 買い手にとって本当に必要な情報を掲載するという価値提案

　2007年、ある雑誌が発売されて話題を呼んだ。「店員に騙されない家電の選び方／完全保存版【高い理由・安いワケ】」と題して創刊された『家電批評monoqlo』である。MONOQLOとは、「モノの玄人」を意味している。

　モノやサービスを批評する雑誌は、すでに多く存在していた。しかし、その内容は公正に比較されているかどうか、極めて怪しいものであふれていた。

　特に家電などは、広告出稿料の多寡によりスポンサーに配慮して、評価が変わっているのではないかと疑わしいものがある。

　これに対して『家電批評monoqlo』は、カタログや店員、雑誌広告、それに当時流行し始めていたネットのステルス・マーケティングに対して中立な姿勢をとっていた。

　誌面からは、実際にモノを購入し、使い、徹底比較することで、家電の買い手の立場に立った有益な情報を提供しようとするスタンスが伝わってくる。

　製品によってはかなり辛辣なことも書かれており、読者は自分の状況に応じて、その製品が適しているのかどうかを判断できる。家電は安い買い物ではなく、しかも買った後は長く使う。そのため、慎重に選びたいユーザーにとって、この雑誌はまさに本当に必要な情報を多数掲載していたのだ。

　そうして、『家電批評monoqlo』が好評を得たことで、2009年、「家電」と「それ以外のモノ」にカテゴリーを限定的にして、『家電批評』と『MONOQLO』の２つの雑誌に独立させた（図表３−１参照）。それぞれが「ホンモノがわかる家電情報誌」と「テストするモノ批評誌」とい

図表 **3−1** 『家電批評monoqlo』創刊号と、『家電批評』、『MONOQLO』の現在

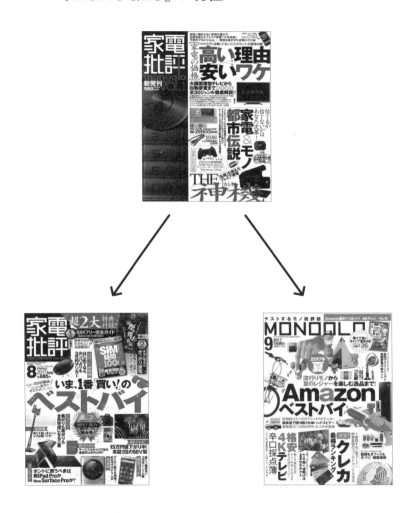

筆者撮影

うコンセプトを持ち、市場に出回る製品のウソと本当を暴き、都市伝説まで検証することで、買い手にとって本当に必要な情報を掲載し、ランキングをつけていくというものだ。

2 『LDK』は こうして生まれた

『LDK』は2013年に、『MONOQLO』から独立し、その女性版として、不定期のムック本で出版された。

それが好評を得て、現在は月刊誌となっている。暮らしにまつわることはすべて扱うという意味で「LDK（living, dining, kitchen）」と名付けられた。

『LDK』は、「テストする女性誌」といううたい文句通り、家電や調理器具、掃除道具など暮らしにまつわるさまざまなモノの使用感や品質などをテストした結果を誌面で紹介している。

本当にいいものを買いたいと望む30代〜40代女性に対して、彼女らの日常を取り囲む商品の数々を徹底比較するコンセプトが受け入れられた。

創刊当初約7万部だった発行部数は、2017年1月号では17万部を達成。7月号は21万部を発行しており、創刊時の3倍を記録している。

そもそも読者には「モノをシビアに評価したい」という要望がある。しかし、既存の雑誌を見ると広告誌面の多さに興ざめする。

また、インターネットの口コミの中には「やらせ」が混在していることに、辟易している。『LDK』はそういう読者のニーズに真摯に向き合って、本当の情報提供をしようとしている。

ズバリ回答を出す姿勢を好む女性には、まさにうってつけの痛快な批評誌である。

その勢いは止まらず、2017年2月には『LDK the beauty』というコスメ関連商品の雑誌も展開している。

図表 3-2　雑誌LDK

筆者撮影

■ 広告収入に頼らないというマネタイズ

　読者は、広告ばかりで知りたい情報が得られない雑誌に失望していた。そこで、読者のために本当にためになる情報を入れるためにはどうしたらよいのかを考え、一般的な雑誌とは異なるマネタイズを選択したのだ。

　それが、**広告収入に頼らないという方法**である。

　比較のために、まずは一般的なメディアのマネタイズとそれがもたらす影響について見てみよう。

3 これまでのメディアの マネタイズ

　これまで、一般にマスメディアを提供する新聞やテレビ業界などは**三者間市場**といわれるマネタイズで利益をつくってきた。通常の取引は、メーカーとユーザーの間で、モノ・サービスと金銭の交換が行われる。

　しかし、新聞や雑誌、テレビやラジオなどは、ユーザーの支払う金銭の一部あるいは全部を第三者が肩代わりすることで栄えてきた。

　それが、メディアビジネスの仕組みである。

　古くは、たとえば新聞である。製作費用と新聞社の運営費、それに物流費用まで加えれば、何十万部発行したとしても1部100 ～ 200円程度の金額では、投下資本の回収が難しい。そこで、新聞社は新聞広告を掲載することで、スポンサーから広告収入を得て、コスト回収と利益に充てるのである。

　地上波民放テレビは、さらにわかりやすい。ユーザー側、つまり視聴者はすべて無料である。その代わり、ユーザーは上質なコンテンツを無料で見ながらも、コンテンツをどこかで中断されてコマーシャルを見せられる。そのコマーシャルはスポンサーの製品やサービスに関するものである。スポンサーはその対価としてテレビ局に多額の金銭を支払い、テレビ局はそれをコスト回収と利益に充てている。

■ 無料で提供できるのには理由がある

　雑誌についても同じである。紙質の良いフルカラーの雑誌が600 ～ 700円程度で販売されているが、ユーザーからの課金だけでは、あの料金でコスト回収と利益計上は不可能である。

　そこで、スポンサーの広告を増やして、金銭を受け取り、収益を上げる。

図表 **3-2** 雑誌や地上波テレビ局は三者間市場モデルでマネタイズ

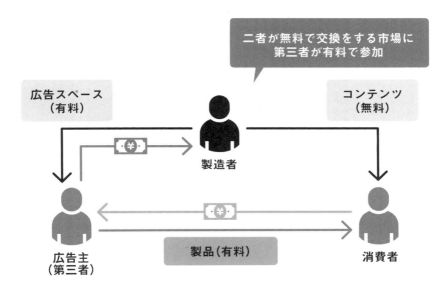

　さらに、インターネットのメディアでは、それらを一切無料にすることが多い。インターネットにある記事をわれわれが無料で見ることができるのは、閲覧数によってスポンサーがつき、広告収入が得られるからである。それは著名人のブログなどでもおなじみの方法である。

4 メディアのマネタイズが 価値提案に及ぼす悪影響

　このように、メディアという性質上、どの企業もユーザー以外のスポンサーの広告料に依存した経営がなされている。こうしたマネタイズのあり方は、われわれの生活をよくしてきた一方で、メディアとしての価値の劣化をもたらした。

　インターネットでは、一般に商品のレビューなどの記事も広告費で賄われている。たとえば、あなたがタブレットを買おうとしたとする。そのとき、それが本当に自分にとって良いものであるかどうかを判定しようとしたら、まず真っ先に検索エンジンの入力欄に、製品名を入れて検索するだろう。そうすれば、レビュー記事などを読むことができる。比較などがなされており、どれを買ったらいいのかがわかる。

　そのような記事は数多く存在している。

　しかし、それらは広告収入を目当てに書かれたものである限り、記事のように見えて、実はタイアップ広告の可能性もある。その証拠に、評価が真っ二つに割れている商品もある。

　このように、三者間市場はコンテンツの送り手と受け手の両方にとって得するものであるように見えるが、このモデルを採用する以上は、スポンサーの意図を無視することはできない。情報が氾濫しすぎるこの世の中においては、読者はいったい何を信用してよいのかがわからなくなっている。

　テレビ番組などで、他社製品を紹介してはいけなかったり、画面に処理を施したりするのも、その一例である。

　あるいは、同業他社がスポンサーを務める番組では、いくらそれがよくても他社の製品を紹介しないなどといったことが平然と行われている。

■ 何が広告で、何が記事なのか？

　当然ながら、出版社もどんな雑誌を出すときにも、このようなマネタイズをとってきた。

　自動車やAV機器の雑誌などに、ベストバイの特集がされることが多いが、その雑誌には当然にそれら対象商品をつくったメーカーが広告出稿をしているので、そのモノをよく知るユーザーからすれば、なぜこんな商品が高評価なのかと、目を疑う記事もある。

　ユーザーにはこうした裏事情は、もう隠しようがないのだ。

　そうなると、メディアへの不信感は止まらない。何が広告で何が記事であるのか。何が真実で何が虚構なのか。その不信感を対価を払ってでもなんとかしてほしい。

　そのような消費者の要望に応えるには、もはや広告モデルが弊害になっていることは、誰の目にも明らかであった。

5 LDKのマネタイズが支える 価値提案のエッジ

　LDK の驚くべき点は、業界で慣例になっているマネタイズをことごとく裏切った点にある。批評誌という価値提案はずっと昔から存在していた。しかし、評価の公平性を高めるためには、広告が入っていれば矛盾を引き起こす。

　そこで、従来の業界慣行である課金方法を根底から覆した。その姿勢はベースとなった『家電批評monoqlo』の創刊号（2007年9月1日号）の編集後記から読み解くことができる。

　「巷には色んなジャンルの『批評誌』がありますが、俗にいう『批評誌』と普通の雑誌の違いは何なのでしょうか。提灯記事がない、大衆に迎合しない、そしてヲタゴコロをつかんで離さない……。しかし、家電や物というジャンルに限っていえば、もはやこれらはサイトやブログで日常的に行われていることです。（中略）『批評誌』である前に、最高の『購入ガイド本』でありたいと考えています。（中略）体感できない程度の差をあえて強調しませんし、ブランドだけでオススメしたりすることもありませんし。逆に、無意味な企業叩きをするつもりもありませんし、揚げ足を取るつもりもありません。製品を購入する人が必要な情報を提供する。これが本誌の最も重要なコンセプトであります（p.162）」

　このような想いを継承する『LDK』は、広告を排して、編集記事ばかりの雑誌を作り、読者からの購読料で存続させるというマネタイズの方法を徹底した。なんと利益はほとんど実売で儲けており、読者からの対価で成り立っているのだ。

　『LDK』と同じ価値提案をする雑誌にライフスタイル情報誌の『Mart』がある。ターゲットや価格帯も同じであるが、『Mart』は三者間市場モ

デルを採用している。そこで両者を2017年8月号で比較してみたところ、次のようになった。

『Mart』は全体で170ページであり、そのうち広告とわかるのが6ページであるが、最後のページに商品問い合わせ一覧が掲載されている。商品提供を受けているビジネスモデルを採用する雑誌であることがわかる。

見てわかる広告が少ないのであれば、一見記事のようであっても、内容は広告のようなものもあるだろう。それに対して、LDKは冒頭の2ページが広告であるのみで、それ以外は編集記事である。しかもその広告はタイアップものではなく、特集にも関連しない製品である。全146ページで構成されており、Martよりも薄い。これは、残りのすべてが編集記事であることの証拠でもある。

日本にはテスト誌の文化が根付いていない

編集長の木村は次のように語っている。

「雑誌の状況を見渡してみると、編集が企業の広報機関になっている。欧米はテスト誌の文化があるんですが、それが日本になかったのは雑誌のビジネスは広告ありきだったから。濡れ手に粟のような、儲かっていた時代が長かったからなんですよね」[20]。

LDKは広告なしで特集を組み、実際の商品を比較し続ける。それも、商品を提供してもらうと公平性に影響が出るため、実際に購入して挑む。メーカーから広告として商品紹介を提案されることもあるが、そのすべてを断っている。掲載商品は、編集部が自費で購入して、比較検討を重ねている[21]。ひとつの特集で購入費用が100万円近くかかる場合もあるという[22]。

---

20 http://wotopi.jp/archives/55284
21 『LDK』2017年8月号編集後記。
22 産経新聞2017年5月13日。

それは、このマネタイズがいかに大変であるのかをうかがい知ることができる。売り切りモデルで押し切るには、これまで広告モデルでぬるま湯体質であった雑誌が、「はっきりものをいう」ということを徹底しなければならない。何が広告で何が記事なのか、という境界線のあいまいさはなくなり、全ページにわたって正直さが要求される。

　このようなやり方で、LDK はまったく広告に頼らない、売り切りモデルを採用した。それがビジネスモデルを大きく転換させたのだ。

　この瞬間に読者ファーストのコンセプトが明確になるのである。スポンサーへの配慮で評価を歪曲することはなくなり、読者にとっても安心感のある情報源として活用されている。

　そのため、手元に置いておきたくなる情報として、立ち読みではなく買いたくなる雑誌となっている。

6 足りない利益は どう補うのか？

　すでに述べたように、晋遊舎にはLDK以外にも兄弟誌がある。『家電批評』と『MONOQLO』である。これらもまた、LDKと同じく広告収入なしで、売り切りで収益を得ている。つまり、これらの雑誌も「はっきりものをいう」ために、雑誌の実売のみでコストを回収し、利益を得ているのだ。

　しかし、LDK同様、対象商品を購入し、それをテストするので、コストも多くかかる。広告モデルであれば、商品提供もしてもらい、なおかつ広告料も入るから、このやり方はまさに二重苦である。それでも、実売のみでコスト回収と利益を得るために、晋遊舎はこれら雑誌に対して別の課金ポイントをつくっている。それがムック本の発行である。

　反響が大きかった特集を、別の角度からムックに再編集して販売して採算のバランスをとっているのだ。ムック本をつくる際には、取材等に関しては記事の再活用をするので、追加コストがかからない。そのため、印刷や物流費などの実費を除けば、ほとんどが粗利益になる。これは優れたアイデアである。つまりは、「はっきりものをいう」というスタンスを貫くために、過去のネタが収益を稼ぐ仕組みをつくっているのだ。

　筆者が調べたところ、2016年に晋遊舎から出されたムック本は253冊である。そのすべてが、LDKや家電批評、MONOQLOから派生したものではないものの、ムック本を重視している姿勢がうかがい知れる。このような芯のしっかり通ったマネタイズのやり方があるからこそ、晋遊舎は「はっきりものいう」という、メディアが不得意としてきた価値提案を実現できているのだ。

思いを貫くために非常識なマネタイズに挑む　LDK　第3章

7 業界慣行のマネタイズを 疑ってみる

　これまで述べてきたように、差別化をするには業界のマネタイズの常識を裏切ってみることも有効である。マネタイズの方法が同じままで、価値提案だけを変えても、やはり他社と同じルールで動くことになる。そのため、価値提案を研ぎ澄ませる幅は狭くなるだろう。幅を広げたり、あるいはまったく違う角度から価値提案を見つめ直すために、業界で広く共有されているマネタイズを疑ってみてはどうだろうか。革新的な価値提案を生むヒントが、そこに見つかるかもしれない。

　また、LDK の事例から得られる興味深い示唆は、万能なマネタイズ法があるわけではないということだ。これまでビジネスモデル研究では、マネタイズのレパートリーが多様であることが示されてきた。それは、**「脱・売り切り」** を目指すことが示されていた。それについては筆者もその論を展開してきたため、否定はしない。

　ただ、それはものづくりやもの売りに対して発せられた言葉である。もし、**業界慣行**としてのマネタイズが、売り切りで行われてこなかったのであれば、逆に「売り切り」を採用することは、価値獲得のイノベーションになる。そして、それはすなわち新たな「価値提案」を生み出す源泉にもなるのだ。ものづくりやもの売りが改めるべきとされる売り切りモデルが、広告モデルを主とする業界では逆に新しい。

　このように、マネタイズにも唯一の正解はなく、その業界がおかれたマネタイズ法をまずは分析し、それとは異なるやり方を試してみるということを考える必要がある。

■ 異なるマネタイズが異なる価値提案を生む

　業界慣行は、その業界での当たり前のマネタイズにもとづいている。

図表3-3　LDKは革新的な価値提案を貫くためマネタイズを変更した

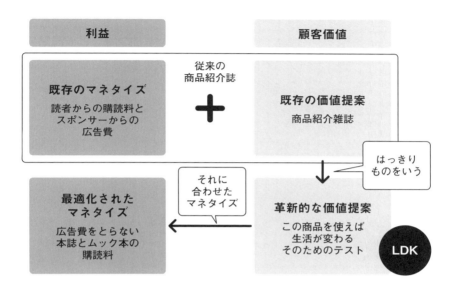

　そのためマネタイズの変更が、ビジネスモデルの固定化を招く。そして業界外から、その業界の当たり前を疑う者が現れて、それとは異なるマネタイズを導入する。それによって、価値提案のエッジがさらに研ぎ澄まされていく。

　LDKは雑誌業界に新たな価値提案とマネタイズを起こし、読者にとって「当たり前」の基準で新たなビジネスモデルをつくり上げたといえる。

　このように、あえて業界の常識、特にマネタイズのやり方を裏切ってみることが、まずはビジネス改革の突破口になりやすい。

　あなたが属する企業が成熟産業にあるならば、それは特に有効である。みながぎりぎりの線でしのぎを削っているからだ。しかも、ある程度のラインで競争状態が安定化している状態であると推測できる。そのため、価値提案のイノベーションのスペースがほとんどなく、途方に暮れてしまっている。

そのようなときこそ、マネタイズのやり方を変えてみてはどうだろう。これまで常識と思われてきたマネタイズのやり方は、他社もなかなか着手しづらい。

　しかし、**業界慣行のマネタイズの常識に風穴を開けることで同業他社では不可能であった切り口が見えてくることがある**。価値提案を磨くことも重要であるが、それに煮詰まったら、いったん思考を止めて、マネタイズを変更してみてはいかがだろうか。

　『LDK』のケースは、まさにそのようなイノベーションのあり方を示してくれている。

学び

- 業界のマネタイズのあり方が、業界慣行をつくり出している。雑誌においては、広告収入というマネタイズによって、価値提案が同質化してしまう
- そのために、「はっきりものをいう」価値提案が実現できなかった
- ものづくりで敬遠され始めた「売り切り」も、業界を変えれば革新的なマネタイズに
- 別の業界で当たり前のマネタイズに変えてみることは有効

マネタイズ理論コラム③

過少利益を抜け出す

　ある企業が優れたプロダクトを作り出したが、製造原価に一定の利益率である利潤を加えると、到底顧客に受け入れられない価格帯になってしまった。でも、顧客に使ってもらうことが何よりも重要なので、受け入れられやすいお値打ちな価格帯に設定した。製造原価や利潤とは無関係に顧客重視の価格設定を行う場合、その当該プロダクトは少なくとも期待水準を下回る利益になるか、悪くすればそのまま損失を生み出すことになる。

　このような、存続が危ぶまれるほど利益が圧迫される状態を**「過少利益」**と呼ぶ。過少利益の状況下では、顧客価値を創造できていたとしても、いずれは倒産に陥る。

　現在は、顧客価値を創造しさえしていれば、利益は後からついてくるような環境ではない。顧客は低価格に慣れてしまい、支払いのハードルは高くなる一方である。

　キャッシュリッチな大企業であれば、プロダクトが過少利益であっても対応できるが、経営資源の乏しい中小企業やスタートアップには、あまりに厳しい状況である。

　しかし、そのようなプロダクトに社運をかけなければならないこともある。

　このように、当該プロダクトの財務的逼迫状態が明らかとなっているのであれば、財務にサポートが求められる。財務担当者は、単に過少利益状態になることを推計して、プロダクトを棄却すればいいというわけではない。当該企業が戦略的に重要な意味を持っているのであれば、財務担当者はその実行をサポートする必要がある。つまり、何らかの形で企業存続のための資金をファイナンスしなければならない。

　そのためにとるべき方法は、資本提供者からの外部金融ではな

い。ビジネスで不足する資金を、ビジネスで回収するという**内部金融**しかない。主要プロダクトが損失を出すのであれば、主要な売り物以外から収益を得ようとするほかないだろう。そこで**「収益の多様化」**が必要となる。

　LDKでは、メディアのほとんどが広告収入に頼る中、逆に「売り切り」での収益獲得を目指した。そうなると、およそ収益の半分として頼ってきた広告収入を何かで置き換えなければならない。

　LDKの場合には、読者の支持を得てまず部数を増やしたが、それでも足りないことは予想されていた。そこで、カテゴリーごとに編集し直したムック本を出版した。これによって、雑誌ネタの再利用ができるため利益率の高い本が販売でき、必要利益を獲得している。

第**4**章

マネタイズ革新で
顧客を魅了し続ける
ネットフリックス（Netflix）

ネットフリックス（Netflix）といえば、そのオリジナルコンテンツの質の高さが評判である。そこで配信されるドラマや映画は、人々を魅了し、入会者を増やし続けている。

ネットフリックスがアメリカで設立されたのは1997年。当初は、DVDの宅配貸出サービスからスタート。その10年後、2007年からインターネット映像配信サービスが始まる。ここからどんどん頭角を現し、その10年後の2017年には、会員数が全世界で1億人を超える規模に至った。

DVD配送から映像配信へ。その転換期にいち早く目をつけて移行し、世界50カ国以上にサービスを提供するグローバル企業に駆け上がった。

1 レンタルビデオの延滞料金が創業のきっかけに

1997年の創業から10年間、同社の収益の柱は宅配DVDであった。創業者リード・ヘイスティングスは、レンタルビデオ店で借りたDVDの延滞料金が40ドルもかかったことに腹を立て、そこから定額料金の「宅配DVD」というビジネスを思いついた。それが現在のネットフリックスである。自身が不都合だと思ったことを改善したかったために、ビジネスを立ち上げたといわれている。

1997年当時、映画のDVDを借りるのは、近くのレンタルビデオ店に行くのが主流であった。その中でも大手レンタルチェーンが**ブロックバスター社**であった。

しかし、レンタル店は、ヘイスティングスが辟易したように、うっかり返却し忘れると延滞料金がかかる不便さがあった。

また、国土の広いアメリカではレンタルビデオ店まで車で数時間かかるような家庭も多くあり、全米の消費者にはそうした不満を募らせる者がいた。

そのような消費者をターゲット顧客として、ネットフリックスはサイトを開設し、「宅配DVD」という形で、ネットレンタルをスタートしたのだ。月額定期課金で決められた枚数のDVDを貸し出す。ユーザーは会員になって月額を支払えば、たとえうっかり返し忘れても、ほかのDVDが借りられないだけで追加の費用負担は要求されない。

これは、のちに日本でもお馴染みとなった、カルチュアコンビニエンス・クラブ（CCC）や楽天などが行っていたネットレンタルの原型であった。

ネットフリックスのマネタイズは、レンタル業とは異なっている。ネットフリックスのビジネスは、今となっては「オリジナルコンテンツ

の質の高さ」という価値提案に目が向きがちだが、同社のマネタイズの
ポリシーがそれを支えていることを見過ごしてはならない。

　前述のブロックバスターは、実際にビデオやDVDといったモノを貸
し出すことで収入を得ていた。貸し手である企業が、借り手であるユー
ザーに直接課金する。しかもそのサービスは、ありもののビデオや
DVDを、店頭でレンタルするというもの。このモデルは、かつて藤田
田氏が日本マクドナルドを創業する前に日本に輸入したこともある。そ
れが、現在のゲオである。現在、このやり方で日本において最も有名な
のは、カルチュア・コンビニエンス・クラブが運営するTSUYAYAで
ある。

　こうした店舗型のレンタル業は、DVDの貸し出しに伴う賃貸収入の
ほかに、大きな利益の柱として延滞料収入があった。ユーザーであれば、
一度くらい延滞を経験したことはあるだろう。1日延滞するだけで、当
初のレンタル料金と同じくらいのペナルティが課せられる。それは、
ユーザーが期限よりも早く返却するインセンティブにもなっており、レ
ンタル商材の回転率を上げる効果も持っていた。

　ネットフリックスがこうしたレンタル業と大きく異なっているのは、
マネタイズのあり方である。オンライン店舗による月々定額課金制の宅
配レンタルというビジネススタイルをとったのだ。この段階では取り扱
える商材だけでいうなら、ブロックバスターと大差なく、マネタイズの
みが違っていたといえる。そのため、ブロックバスターにとってネット
フリックスは、なんら脅威ではなかった。

　事実、ブロックバスターはネットフリックスのサービス開始後も、
2004年まで店舗を増やし続け、全米で9000店舗にまで到達している。

　ネットフリックスのサービス開始後もブロックバスターの店舗が拡大
した理由は、「今すぐ観たい」というせっかちな人の要望や、デジタル
に明るくない人々は、ネットフリックスのユーザーには成り得なかった
からだ。

図表 4-1 インターネット黎明期のネットフリックスのマネタイズ変革

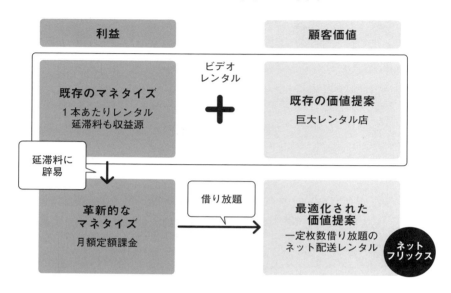

　他方で、ネットフリックスを支持していたのは、枚数制限はあるものの、「見放題」「延滞料なし」「レンタル店が近くになくて困っている」という優先事項を持った消費者である。

　ネットフリックスは、その層にメッセージを送り続け、インターネットブームの1997年から次第に顧客の支持を得るようになった。

2 コンテンツのオンライン配信で 大転換する

　ネットフリックスの転機は、なんといっても2007年に始まったストリーミング事業である。宅配DVDと同時並行でインターネット映像配信サービスを開始したのだ。

　ストリーミングにより、物流費などの大幅なコストカットが可能になった。ブロードバンド化の流れによって、ネットフリックスのビジネスは、いよいよ上昇気流に乗った。これは、映像コンテンツを直接仕入れ、それをユーザーに届けることを意味しており、それはコンテンツメーカー（製作者）と直接取引を行うことを意味する。

　つまり、ネットフリックスはコンテンツメーカーとユーザー二者にとってのプラットフォームとなったのだ。

　ネットフリックスはユーザーからの定額料金を収入として、二者をつなぐ。こうして、マネタイズの方法は、定期課金でありながらも、ビジネスのあり方を大きく変えた。

　2007年当時は、ユーザー自身もまだインターネットで映画やドラマなどの動画を観る必要性を感じていなかった頃といえる。しかし、ヘイスティングスは、将来を見据えたとき、かつてラジオ局の多くがテレビ局になったように、いつかテレビ局の多くがインターネットへと移行することを確信していた。インターネットというくくりの中では、テレビだ、動画だ、映画だなどという境界線はあまり意味をなさなくなる、と。

　同社がさらにブレイクを果たしたのは、2010年だ。インターネット映像配信サービスを開始して3年後、初の国外進出国カナダで予想の10倍の登録者を得たことだ。以後、グローバル化に弾みがつき、ラテンアメリカ、カリブ海地域、イギリスなどに次々と進出を果たし、本国の会員数も急増していく。

マネタイズ革新で顧客を魅了し続ける　ネットフリックス（Netflix）　■　第4章　　93

図表 4-2 ネットフリックスのグローバル展開

出所：ネットフリックスアニュアルリポート2016より

　ネットフリックスが飛躍的成長をまさに遂げようとしたその2010年に、奇しくも長年アメリカで親しまれてきた大手レンタルチェーン・ブロックバスター社は倒産する。一時代を築いたビジネスモデルの終焉であった。

　そして2017年5月、ネットフリックスは、世界190カ国以上と地域で運営され、会員数は世界で1億人を超えた。

　すでにでき上がったレンタル業のマネタイズを変えて、ネットフリックスは異なる価値を提案した。それはブロックバスターに満足していない顧客層をターゲットとすることになる。

　その結果、価値提案は利便性や支払いの明瞭性といった点で、さらにエッジを効かせることになった。そこからストリーミング時代を経て、さらにその価値提案のエッジを研いでゆく。

3 次世代のテレビを担う存在へ

　このようにオンライン配信サービスへと業態転換したネットフリックスは、土俵を替えて新たなライバルと対峙することになる。それがテレビ局である。オンライン配信のネットフリックスが、テレビ局と対峙する理由は、大きく2つある。

　ひとつは、ネットフリックスの視聴はパソコンやスマートフォンの他に、大きな柱としてテレビを想定していることだ。

　2010年以降、テレビ自体にOSが組み込まれ始めるようになり、近年では、ほとんどのテレビがインターネットを受信できるようになっている。そのため、テレビにアプリケーションソフトを入れれば、簡単に動画視聴ができるようになったこと。

　もうひとつは、ネットフリックスはオリジナルコンテンツを持っていることから、テレビ局のそれと比較されるようになった。それをテレビ局が脅威に思わないわけがない。

　こうした時代背景を勝機ととらえたネットフリックスは、新発売されるテレビにネットフリックスのアプリをあらかじめインストールさせる作戦に打って出た。さらにテレビのリモコンにネットフリックスのボタンを取りつけさせることに成功したのだ。

　テレビの電源がオフの状態であっても、そのボタンを押せば面倒な作業がなく、いきなりネットフリックスの画面が立ち上がるのである。あなたの自宅のテレビがネットにつながるのであれば、リモコンを見てほしい。好位置にネットフリックスのボタンがついていないだろうか。

　このように、大手家電メーカーのテレビリモコンに自社のマークが付いたボタンを入れ込むという作戦は見事に成功した。一体どうやったのだろうか。

マネタイズ革新で顧客を魅了し続ける　ネットフリックス（Netflix）　■　第4章　95

図表4-3 家電各社のリモコンの好位置にネットフリックスボタンが配置される

筆者撮影

　たとえば、日本の例を示そう。[23]ネットフリックスが日本に参入した2015年、国内のネット対応テレビの出荷が250万台とされていた。ネットフリックスは、主要なメーカーに対して働きかけ、ボタンを入れてもらえれば、リモコンの製作費を10％負担すると申し入れたのだ。各社のリモコンの製作費はおよそ100円なので、その費用は額にして1個あたり10円。

　少しでもコストを削減したい家電メーカーは、このオファーを当然に受け入れた。なおかつ、メーカーにとっては、ネットフリックスが入っていることを売りにもできる。現在は、ネットフリックスにつながらな

いテレビ自体が劣っているようにも見える。それほどに、今ではリモコンに入っていて当然の存在となっている。

　ネットフリックスは日本の市場をとりにかかった。その費用は推計でわずか2500万円である。先述の通りすべてのネット接続テレビが250万台として、1個あたりに10円を支払った計算である。それは、年間のマーケティング費用として6000億円を計上している同社には、まったくとるに足らない費用であった。

　このようにテレビ局は、オリジナルコンテンツの制作、そして「リモコンでの同居」という同じ競合条件にありながらも、まったく異なる価値提案をするネットフリックスのサービスと横並びで戦わなければならない。

　そのまったく異なる価値提案を成立させているのが、同社のマネタイズのあり方である。

23　『週刊東洋経済』2015年4月25日号。

4 異なるマネタイズでコンテンツの芸術性を高める

　一般的なテレビ局、たとえば代表的な日本の地上波の場合、キー局、地方局にかかわらず、広告収入を受け取って成り立っている。第3章で紹介した三者間市場である。

　誰もが、視聴者として地上波の民放局に、コンテンツの代金を支払ったことはないはずだ。

　しかし、日本の地上波で流れているテレビ番組はどれも良質である。このコンテンツの代金を誰が払っているのかというと、それが広告主、いわゆるスポンサーである。

　スポンサーはテレビ局に対して、その制作費を支払うが、その代わりに番組の途中、ないしは最中に、商品紹介をしてもらう。そこで無料で番組を観ている視聴者が、その商品を欲しいと思い、そして購入に至れば、スポンサーは広告費を出した価値があるといえる。

　広告費の多寡は、番組の視聴率によって決定する。そのため、テレビ局は視聴率の高い番組をつくる必要があることはいうまでもない。

　しかし、それ以上に重要な点が、番組内容が製作費を出すスポンサーの意向に影響を受けることである。内容が過激すぎるとしてスポンサーが番組から降りるという事態が、日本のテレビ番組ではまま起こっている。この場合には、テレビ局が自主的に費用を投じなければならなくなるが、それは避けたいため、製作されるコンテンツは、やはりスポンサーに配慮した内容になってしまう。

　つまり、誰からどのように課金するかによって、作品が影響を受けてしまうのである。スポンサーのブランドイメージを崩してはいけないし、ましてや自社の広告費を使っているのに、ライバル社の商品を使わせてはならない。

その結果、ドラマなどで使われる小道具も影響を受け、実際にその登場人物ならば使わないであろうと思われる商品（たとえば若年層であれば携帯電話の種類）などが使用され、内容的に共感を得られないようなこともある。

■ エッジの効いたコンテンツが制作できる理由

対してネットフリックスは、コンテンツの製作が100％ユーザーから徴収した資金でつくられるので、スポンサーへの配慮といった概念がない。より現実に即した内容を創れたり、あるいはクリエイターもスポンサーからの文句を受け付けることもないので、エッジの効いたコンテンツを制作できる。テレビ局とはまったく異なるマネタイズの方法をとることで、つくり手の創造性が大いに発揮できるのだ。

このように見てくると、一見同じユーザーに向けて、同じようにコンテンツをつくっているように見えても、その内容は大きく異なってくる。それは、そのビジネスモデルが誰から金をもらっているのか、つまり誰が利益の柱になっているのかが重要な要因となっている。

ちなみに、ネットフリックス以前に、日本でも BS などで WOWOW が受信料から成り立つビジネスモデルを採用している。当初 WOWOW も、アリモノの映画などを放映していたが、ハイビジョンテレビが導入され、視聴方法が簡単になり視聴者が増えるようになった。それに応じて、オリジナルコンテンツを制作するようになっている。それによって、WOWOW も地上波のテレビ局が苦戦する中で、興味深いコンテンツを提供し、視聴者を増やすことに成功している。

マネタイズ革新で顧客を魅了し続ける　ネットフリックス（Netflix）　■　第4章　　99

5 ユーザーからのマネタイズが
価値提案を変える

　ユーザーの定額課金から成り立つネットフリックスは、**すべての価値提案がユーザー・ファーストで行われる**。それを実現していることが、ネットフリックスが勝ち残っている理由でもある。

　2011年からは、単にアリモノの動画配信をするだけでなく、自社制作のオリジナルコンテンツも配信しはじめた。これが、地上波のテレビ局などから一歩抜きん出る存在になっている要因の一つだ。

　しかも、そのなかのヒット・コンテンツの傾向が広告モデルでは製作が困難なものであり、この点がユーザーの継続加入の理由となっている。

　ネットフリックスを代表するオリジナルドラマである、『ハウス・オブ・カード　野望の階段』は、ネット配信のみのドラマである。『セブン』『ソーシャルネットワーク』などのヒットメーカーである、デヴィット・フィンチャーが製作や初期の演出を手掛けた。1話あたりおよそ10億円、1シーズンのトータルで120億円以上をかけて制作された。2013年にはテレビ界で権威ある「エミー賞」を3部門受賞している。

　その内容は、テレビ番組として放送することを前提にするのは難しいほどの、エロティックさとハードさ、テロや殺人の残虐性、さらにはストーリーの難解さがある。連続ものの映画とたとえられるほどである。しかし、この世界に没入したファンはやめられなくなり、このシーズンを継続して視聴することになる。

　コンテンツの制作費が、すべてユーザーからの定期課金によって賄われるため、ネットフリックスはこのようなテーマを題材とした、特定のユーザーにとっては中毒性のあるコンテンツを製作し続けられる。

　他にも、女性刑務所とLGBTを題材にした『オレンジ・イズ・ニュー・

図表 4-4 テレビ局が焦がれるエミー賞トロフィーがネット配信企業の手に

筆者撮影

ブラック』や、ホワイトハウスを丸ごと爆破する場面から始まる『サバイバー』など、性差別や政治的な色彩が強く出るコンテンツが多く見られる。テレビ局にとってはスポンサーへの配慮や公益性のため、放映するのが難しい題材である。

このように、ドラマにするにはあまりにも偏りがあったり、刺激が強かったりするものであるが、YouTubeなどでいつでもほしい動画を見られる消費者は、逆にテレビで観れる程度の並のコンテンツに物足りなくなっている。

視聴率、ひいては広告収入を気にするあまり、ターゲティングができ

マネタイズ革新で顧客を魅了し続ける　ネットフリックス（Netflix）　第4章　101

なくなってしまったテレビ局の価値提案とはまったく異なっている。それは、ユーザーからの定期課金によるマネタイズでビジネスが運営されている会社だからこそできることだ。

■ 顧客データを番組制作に生かすシステム

このような定期課金によるメディア製作やマネジメントを実行するには、実際にユーザーが離脱しないような仕掛けが必要となる。

こうしたオリジナルコンテンツは、これまでの顧客データを精緻に分析して、フルに生かして制作されている。

たとえば、『ハウス・オブ・カード』の場合は、「デヴィッド・フィンチャー好きは最後まで視聴する可能性が高い」「政治＆スリラーものを好む人は、ケビン・スペイシーが好き」などという分析結果と、その視聴者予測にもとづいている。

『オレンジ・イズ・ニュー・ブラック』の場合には、「強い女性が主人公」ものはヒットし、「LGBT」「コメディ」などの要素を望んでいることが分析結果から読み取れたため、それらを合わせたドラマを制作し、その結果ヒットさせている。

そして、このような顧客データ分析は、ネットフリックスの大きな特徴のひとつ「レコメンド機能」にも生かされる。

配信する作品には、ジャンル、キャスト、監督の他、楽しい、泣けるなど、その作品の特徴を表す7万種類以上のキーワードがつけられる。ユーザーが視聴すると、その作品のキーワードはデータベースとして蓄積され、それをもとに一人ひとりのユーザーに「おすすめ」として作品を提案している。

さらに、ユーザーがどんな作品を観たか、あるいは観始めたものの途中でやめてしまったかなどもデータとして記録されるので、より精度の高い「おすすめ」が表示される。

膨大なビッグデータを分析し、それを一方ではユーザーの趣味嗜好に

図表 4-5 オリジナルコンテンツに力を入れる

筆者撮影

マッチさせ、一方では新たな独自コンテンツづくりに生かしている。それにより、定期課金をさらに継続するよう、価値提案に反映させている。

6 まったく異なる ライバルと戦う

インターネット映像配信サービスを始めてから、ネットフリックスは映像制作会社とユーザーをつなぐプラットフォームとなった。

そうしたビジネスアイデアは一度爆発的にヒットすると、他社が参入することになる。現に、今となっては Amazon ビデオや Hulu などのライバルがしのぎを削っている。

そのような競争の中で、顧客に独自性を認めてもらい、定期課金を顧客に払ってもらうには、「ここでしか観れない」ことが重要となる。

そこで、ネットフリックスはオリジナルコンテンツを強化することを決めた。

オリジナルコンテンツに力を入れた結果、一見、テレビ局と同じ価値提案となった。定期課金を継続してもらうためには、単発の映画よりも、シリーズもののドラマが必要である。これらは当初からのネットフリックスのマネタイズを実現するための価値提案であった。

スポンサーへ配慮する必要があるテレビ局とは異なり、ユーザー・ファーストのコンテンツがつくれるため、実際に制作されるドラマはネットフリックスの方が面白いと評価される点は不思議ではない。

具体的には、テレビ局とは異なりノースポンサードかつユーザーからの会費のみで収益を賄うため、ユーザーに最適化させる、つまりエッジを尖らせたコンテンツが制作できる。

そして、結果的にユーザーが喜び、会員が増え、さらにコンテンツをブラッシュアップできるという好循環である。

当初はレンタル DVD のマネタイズを派生させたビジネスであったが、そこから生まれた価値提案は、今やテレビ局を脅かす存在となった。似たような価値提案でありながら、ネットフリックスのコンテンツが評

図表 4-6 テレビ局とは異なるマネタイズで革新的な価値提案を実現

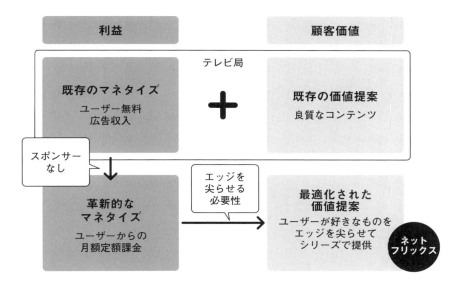

価されるのは、マネタイズのあり方が根底から異なっている点にあるといっていい。

このような特徴をさらに強化するため、2017年8月、ネットフリックスは全コンテンツ中の自社制作の構成比を50％にするという計画を表明した。

コンテンツメーカーとしての立ち位置をより明確にし、コンテンツのSPA（製造小売）になろうとしている。その価値提案はテレビ局を飲み込むほどのインパクトを持っている。

ましてやテレビのリモコンの好位置にネットフリックスがいる限り、テレビ局にとっては常に脅威であり続ける。**マネタイズのあり方は価値提案に違いをもたらす。**ネットフリックスのビジネスを見ていると、それが顕著であることがわかる。

学び

- 既存のレンタルビデオのマネタイズに業を煮やして、新たなビジネスを始めた
- 物流を伴うネットレンタルから、コストの掛からないデジタル配信を展開し、全世界で1億ユーザーまで拡大
- テレビ局と戦うことになったが、マネタイズが違うため、コンテンツをユーザーに最適化して尖らせた

マネタイズ理論コラム④

プラットフォームはアリモノから**独自性へ**

シリコンバレーなどを拠点とするアメリカのスタートアップ企業には、非上場であるにもかかわらず評価額が10億ドルを超えるものがある。それを稀有な存在として「ユニコーン」と呼んでいる。そして、このユニコーンの多くが、プラットフォーム型企業である。

代表的なところでは、Uber や Lyft は車を持て余すドライバーとユーザーをつなぎ、Airbnb は部屋を持っているホストと宿泊者をつなぐ。この「つなぐ」というビジネスを、投資家は評価する。なぜならば、事業を営む企業は、在庫や固定費といったリスク要因を負担する必要がなく、手数料収入を得られるからだ。日本でも、楽天やヤフオク！などはそうしたプラットフォームの好例である。

このようなプラットフォームビジネスに関して大切なことは、なんといってもユーザーへの価値提案である。競合他社にも資源の保有者が登録ができるのであれば、そのビジネスは後から真似がしやすくなる。

たとえばアメリカでは、ドライバーは Uber と Lyft の両方に登録しているため、サービスだけを見ると違いは見いだせなくなる。そのため、プラットフォームの違いを見せつける部分は、顧客がそのサービスの快適さや面白さといった UX（ユーザーエクスペリエンス）、さらにその手前にあるアプリの使いやすさである UI（ユーザーインターフェース）などに表れるのである。

最近ではプラットフォームでも、さらなる UI や UX 以外で違いを見せつけるビジネスが見られる。自社が資源を保有してユーザーに提供をするというビジネスが評価されている。ブルックリンに拠点を置く Wework という企業は、不動産を借り上げ、おしゃれなしつらえにして、スタートアップ企業などにオフィスを貸す。オ

フィス保有者とスモールオフィスが欲しいユーザーをつないでいる。

　もっとも、Wework に関しては、単なるシェアオフィスではなく、独自の SNS 会員になれることや、世界中の Wework の共有部分を使えるなど、他にも魅力はあるものの、やはりその中心は「場」とユーザーをつなぐことにある。

　本章で紹介したネットフリックスも、まさに自社資源を使ったプラットフォーマーであり、その傾向を強めて独自性を高めようとしている。

第 **5** 章

マネタイズの変革が新たな価値提案を発見させる

デアゴスティーニ

趣味はお金がかかる。今は時間もないから、定年後の楽しみに……。そんな考えを改めさせたのが、日本にパートワークという形式を持ち込んだデアゴスティーニである。パートワークは、ある分野の知識やハウツーを気軽に安価に学んでもらうために週刊や隔週刊形式で少しずつ紹介していくタイプの学習方法のこと。全体を小分けにして提供するので、その分、1回あたりの価格は少額に。こうして、途中でやめてしまうかもしれないことへの不安を解消している。消費者にとっては、ハードルの高かった趣味が「自分事」になるのである。同社では、国内でさまざまな30程度のプロダクトが同時進行する。同社のパートワークから、マネタイズの差別化がもたらす、顧客価値提案の尖らせ方を見ていこう。

1 パートワークとは
何か

　デアゴスティーニ社の成り立ちは、1901年に地理学者ジョバンニ・デアゴスティーニが、地理学研究所をローマに設立したことに端を発する。そののち学校用近代地図「アトランテ・スコラティゴ・モデルノ」を発行する。パートワークの特徴である分冊形式が始まったのは、1959年である。「イル・ミリオーネ（イタリア語で100万という意味）」と呼ばれる地理辞典であった。

　日本市場には1988年に航空機マニアの心をとらえた週刊『エアクラフト』で進出。1994年にはCD付雑誌として「クラシック・コレクション」が隔週刊で発売され、合計売上部数1600万部の大ヒット商品となった。

　近年では、フレンドリーロボットを組み立てる、週刊『ロビ』を創刊。初版創刊号は異例の12万部以上の大ヒットを記録している。

　このように、デアゴスティーニといえば、週刊や隔週刊で発売される冊子をコレクションしていくサービスを思い浮かべることだろう。このようなプロダクトをデアゴスティーニは「パートワーク」と呼んでいる。

　以下では、パートワークについて詳しく見ていこう。デアゴスティーニ社によればパートワークとは、次のように定義されている。

・ひとつの分野に特化して膨大な量の情報を紹介
・読みやすくするために膨大な情報をパートごとに分けて提供
・週刊や隔週刊で刊行する
・創刊号はリーズナブルな価格に設定することで、誰でも手にとりやすく
・シリーズすべてを集めると、その分野における知識の集大成が完成する

　つまり、その特徴は「特化」「細分化」「週刊化」「低価格化」「習慣化」

図表 5-1　4つのカテゴリー

資料提供：デアゴスティーニ・ジャパン

の5つであり、これまで同分野でも二の足を踏んでいた消費者に、趣味を「自分事」にしてもらい、デアゴスティーニの顧客になってもらう取り組みである。

　ひとくちにパートワークといっても、たくさんのプロダクトが展開されている。同社はこれまで、世界33カ国でパートワークの出版を行ってきた。日本では202タイトルが出版されている（2017年4月現在）。年間10〜15本程度の新しいプロダクトが創刊され、全国で30本以上の企画が同時進行している。さらにその背後に、テストマーケティングで20ほどの企画が進行している。プロダクトは多様であるものの、それらは明確に4つのカテゴリーに分けて展開されている。順に見てみよう。

　ひとつめは、ひとつのジャンルを深掘りする「マガジン」である。これは、いわゆるテーマを絞った週刊誌である。代表的には城や名車などについて、長期にわたって情報を掲載していくものであり、分冊百科事典の方式をとる。

２つめに、学びを重視する「コース」である。これはカルチャーセンターを誌面で実現したようなものであり、継続することで学びやスキルが身につく。「テーマは前から気になっていたが、何から始めていいのかわからない」というユーザーを対象として、趣味の幅を広げる提案となっている。

　代表的なものとしては、水彩画を描くスキルを身につけるもの、あるいはパッチワークの技術を身につけるものなどがある。後者は創刊号15万部のヒットを記録している。

　３つめに、モノやDVDなどを集める「コレクション」である。海外ドラマや人気俳優の映画集を「マガジン」に付属させて情報とともに発売したり、あるいはミニカーなどをひとつずつ集めたりする企画もある。創刊号15万部のヒットとなった『隔週刊「ジッポー・コレクション」』もこのカテゴリーである。

　最後は「ビルドアップ（組み立て）」である。模型や機械製品など作り上げ、完成させるパートワークである。昔懐かしい映画に登場する『週刊「バック・トゥ・ザ・フューチャー デロリアン」』や、『週刊「スター・ウォーズ ミレニアム・ファルコン」』などは、これに該当する。

　これらは、CMなどで強烈な印象を残しているため、デアゴスティーニといえばビルドアップというイメージを持つ人も多いだろう。ビルドアップは、最後まで組み上げれば、精巧な模型や機械製品ができ上がる。そのため、他のカテゴリーよりも最も価格が高く、パートワークの売上構成比も最も高い。そのため、本章では以降、基本的にビルドアップを中心に取り扱うこととする。

図表 5-2　主なビルドアップのラインナップ

写真提供：デアゴスティーニ・ジャパン

2 「ものづくり」をユーザーの 「自分事」にする仕掛け

　ビルドアップには、日本独自で商品開発が行われたものも多い。その中から世界中に輸出されていくものもある。イタリアに本拠を置く会社でありながら、日本が誇る「ものづくり」の企画力と精巧さをうまく取り入れている。その意味では、ものづくりの斬新な提案方法ともいえる。[24]

　その代表的なプロダクトといえば、『週刊「ロビ」』である。ロビとは、約250の言語を理解するコミュニケーションロボットのことだ。世界的ロボットクリエーター高橋智隆が設計とデザインを担当している。組み立てには、複雑な作業は必要なく、ドライバー１本で組み上がり、またプログラミングなども不要。この気軽さが受けて、初版の創刊号は日本国内だけで12万部。海外を含めると30万部の記録的ヒットとなっている。

　日本発の企画であるロビが発売されたのは2013年２月。14年には再刊行され、2015年１月には第３版が出るほどの大ヒット商品となった。その後、海外でも続々とヒットを記録し、台湾、香港、イタリア、イギリスでも発売されている。

　2017年６月には、さらにパワーアップした『週刊「ロビ２」』が発売になった。家族の顔を記憶する顔認証技術を搭載。笑顔検出技術による「ニコロビシャッター」での写真撮影や、ロビをサポートする相棒ロボット「Q-bo（キューボ）」とのコミュニケーションなどが追加され、以前に前バージョンのロビを組み上げたユーザーの興味も引いた。

24　ものづくりの価値提案としては、これまでそれを魅力あるものにしようとするプロモーションや、それを喜ぶ顧客を探す方法が一般的であった。しかし、パートワークはこれを価値提案ばかりに頼らず、マネタイズ改革によって実現している点が斬新である。

『週刊「ロビ」』の創刊号は790円と求めやすい価格であった。2号目以降は2047円（『週刊「ロビ2」』は1998円）で、70号（同80号）で完成する。完成のためにユーザーが支払う総額は、14万6157（同17万1327）円となる（一部高額号があるため）。

もしこれを売り切りで販売したとしたら、14万円程度の金額を一括請求することになる。それでは、かなりのマニア層しか購入しないだろう。あるいは、かつてソニーが発売したアイボのように、家電メーカーが完成品としてロビのようなコミュニケーションロボットを販売するとなれば、20万円以上の金額になる。

それを、組み立てやすくし、誰もがその世界観に入れるようにできるのが、パートワークというプロダクトである。

その魅力は、多くの消費者にとって、まだ知らなかった趣味を見つけられる、「自分事になる」という点である。

このように、パートワークとは「日本のものづくり」が「イタリア発の分冊のマネタイズ方式」と結びつき、世の中に受け入れられていく、よく考えられた仕組みといえる。

3 顧客に寄り添う
マネタイズの妙味

　パートワークは、大規模なプロダクトを小分けにして1冊あたりの単価を下げてマネタイズする。そのため、分冊方式でパーツを切り売りしているとなれば、顧客の維持率が問題となる。号が進むにつれて、どれだけユーザーが離脱していくのか、その予測が必須である。

　それを軽視すれば、過剰生産によるコスト高でたちまち損失を負うことになる。ましてや、利益回収までの時間が長いので、投資回収のプランを予め持っておかなければならない。

　当然ながら、どのカテゴリーのどの製品についても「利益率」は概ね一定に設定されている。

　しかし、部品コストは毎号異なるため、号単体の利益率にはばらつきがある。毎号継続してもらうことが前提のプロダクトであるため、ユーザーに早期に離脱されることは、避けたいところ。

　利用者がパートワークを完遂すれば、長期にわたる支払いになるので、当然、必要なコストと利益は回収できるようになっている。問題は、パートワークが何号で投資回収できるのかということである[25]。

　これについては、プロダクトによって総号数が異なるため、明確な基準があるわけではない。また、4つのカテゴリーによっても、それぞれ異なるという。特に、ビルドアップは最もコストがかかるため、後ろに長くかかるが、遅くとも半分までには回収を終わらせる必要があるだろう。

　他方で、マガジンなどは出版社のお家芸であり、かかるコストのほとんどが編集費と印刷費であるため、早期に利益が出ることは想像でき

25　以下の記述は広報担当とのインタビュー調査にもとづいている。

る。

　しかし、どちらにしても、損益分岐点となる「号」があり、そこまでは一定のユーザーを維持しなければならない。

■ データにもとづいて意思決定する

　パートワークは売り切りではなく、継続するプロダクトであるため、対前号比での顧客の維持率が業績指標として重要視されている。それらをベースに長期にわたって収益とコストをコントロールするため、同社では、データにもとづいた意思決定が基本となっている。過去の類似タイトルのデータや、特定地域で先行販売した売れ行きの数字をにらみながら、十分に計算したうえでリリースされるのだ。もちろん、顧客の一定数が離脱することも想定に入れたうえで計算していることはいうまでもない。

　それに加えて、ある水準の維持率を獲得するゾーンまでは、読者がモチベーションを下げないような取り組みを行っている。特に、ビルドアップは、約２年という時間をかけてユーザーとお付き合いするプロダクト。顧客は完成イメージを持ちながら組み立てを続けるわけだが、それだけでは孤独な作業になってしまう。

　そのため、『週刊「ロビ」』では、開始から８号までには上半身が現れるように設計されている。また、大きくユーザーを減少させてしまう２号以降を買いやすくするために、パーツの分割提供、バインダー、読者プレゼントなどで、定期購読者を維持し続ける仕掛けをつくっている。

　同社によれば、当初はユーザーが離脱していくが、かなり早期にそれが止まり、それ以降は90％程度の維持（リテンション）率で最後まで継続するという。

　さらに顧客に寄り添うために、購入後や組み立て後にユーザーのコミュニティを形成するようウェブなどで展開。いわば読者をメンバーとして想定し、サロンやサポートセンターを充実させている。ロビの場合には、「それがある」生活に合わせて、ロビクリニックを開設している。

そこでは、ロビのメンテナンスや、パーツ自体の販売をしている。

■ 特典による誘発で顧客接点を保ち続ける

　完成品を一気に販売するのではなく、長いお付き合いを重視する。週刊あるいは隔週刊にすることで、進行のペースメーカーとしての役割も果たし、ユーザーに時間を楽しんでもらうという価値を提案している。同社ではこれを、「タイム・エンタテインメント」と呼び、同社の重要な概念として共有している。

　マネタイズが継続する定期課金は、どの企業ものどから手が出るほど実現したいと思う仕組みだ。

　しかし、その実現がいかに大変であるかをパートワーク事業は教えてくれる。これだけブランディングされている同社でも、維持率を一定に保つためには、さまざまな情報やデータを駆使し、特典による誘発で顧客接点を保ち続けている。

　こうした定期的な課金による利益回収の裏には、顧客との粘り強い関係性が何より必要となる。

4 定期課金というマネタイズが実現する エッジの効いた価値提案

マネタイズの観点から見れば、パートワークは一見単なるプロダクトの切り売りや分割払いのように見える。

しかし、実際のところそれらとは大きく異なる。その理由は、定期課金というマネタイズによって、顧客に対する価値提案が大きく変わってくるからだ。ここでは、プロダクトとサービスに分けて分析してみよう。

■ （1）プロダクトしてのエッジ

たとえばロビを例に説明すると、模型メーカーの場合、これを一括で販売すると14万円かかるとする。

一方、パートワークの場合は、これを分割払いでマネタイズする。その場合、分割払いなので回収不能になるリスクがあり、財務的には不安定であるように見える。

しかし、消費者の視点から見れば、この分割課金のおかげで1回あたりの支払額が少なくても済むので、参加しやすいということになる。

仮に、一括で14万円を出して組立式のコミュニケーションロボットを欲しいと思う層がいるとしても、それはかなりハードルの高い価値提案になるだろう。大金を投じてそのようなプロダクトを購入し、わざわざ組み立てるユーザーは、いわばマニア層かもしれない。

それに対して、同社が対象とするユーザーは、そのようなマニア層はもちろん取り込むが、それ以上にライトに楽しみたかったり、興味本位でそのプロダクトに手を出す人が多い。そのため、「高額で自分には関係なかった」と感じていた趣味を、面白そうだな、やってみたいなと思わせ「自分事」に近づけた。そこに消費者への貢献がある。

また、マニア層の観点から見た場合にも、通常の模型ではできないこ

マネタイズの変革が新たな価値提案を発見させる　デアゴスティーニ　第5章　119

とをパートワークでは実現できる。それは、模型メーカーがつくれない規模のものをつくっているということだ。

　たいていの組立式の製品は、100号前後にもわたる。もし、これを一度に完成品として販売しようとすれば、その部品数の多さからも製品としてひとつのパッケージに収めることは難しい。加えて、物流や保管も非効率であり、ビジネス的な観点からすれば、その実現はほぼ不可能であるという。模型店に並べることは到底できない大きさになるからだ。つまり、分冊によって、通常のものづくりによる「売り切り」のマネタイズでは不可能な価値提案がされているのだ。

　このように、デアゴスティーニのビルドアップは、単に模型を小分けにしただけではなく、実際には模型として売り出すには不可能なスケールの大きい、いまだかつてないプロダクトを生み出している。そのスケールの大きな模型を自分で組み立てることに加えて、さらにマガジンで造詣を深め、その分野に詳しくなっていくという付加価値まで得られるのだ。それこそがパートワークの醍醐味である。

■（2）サービスとしてのエッジ

　パートワークのマネタイズは、さらにエッジの効いた価値提案を可能にしている。繰り返し述べるように、パートワークのマネタイズは、一見すると模型メーカーの製品を分割で売っているようであるが、それとは根本的に異なる。

　パートワークは「未完成リスクの買い取り」を顧客に提案しているのだ。14万円のコミュニケーションロボット「ロビ」が、模型メーカーからも販売されたとする。この場合は、「売り切り」の販売方法をとるため、全額を一気にマネタイズすることになる。

　それは高額なプロダクトなので、いくら魅力的でも、金銭的に相当余裕があるか、あるいはマニア層しか購入できないものとなる。そのため、一般に販売しようとすれば、売れ残りも想定し、ある程度の割引をして販売することになる。この時点でまず、メーカーは価値の毀損を経験す

る。

　顧客がプロダクトの購入を躊躇するのは、それだけの理由ではない。実際に組み立てるには、時間もかかる。購入してからは、孤独でストイックな作業が続く。このとき、趣味を共有できる人間がいればいいが、なかなかそのような友人がいることも稀だろう。そのため、どこかの段階でつくるのをやめてしまう可能性が高い。つまり「未完成のリスク」がつきまとう。ということを購入前に考えることで、多くの消費者は購買をあきらめてしまうだろう。

　しかし、同社は、それを小分けにすることによって、顧客の「未完成のリスク」を買い取っている。創刊号が安かったので手を出したが、やはりつくる時間がないことに気づいたとする。少し続けて、5号まで購入したが、結局自分には必要ないものと判断して、つくるのをやめてしまったというユーザーはいるだろう。

　もしこれが「売り切り」のマネタイズであれば、顧客がそのリスクを全部背負うことになる。14万円もの大金を支払ったが、モノが完成しないという最悪のパターンだ。

　しかし、パートワークであれば、そのリスクは同社が請け負う形になる。顧客は簡単にやめられる。ただ、次号以降を購入しなければいいのだ。

　このように、パートワークの価値提案は、単なる分割払いなどではなく、顧客が制作をやめたときには、それ以降の支払いを要求しないという点にある。ここが単なるものづくり企業との大きな違いである。

　ものづくり企業は、よい製品をつくって売ることに力を入れるので、ただ購入時点で差別化しようとするだろう。それは、テレビCMなどで、モノの良さだけを訴えかけるメーカーの特徴であるともいえる。

　これに対して、同社は、その製品を組み立てることや、そこにまつわるストーリーや情報、そしてコミュニティづくりや、組み上げてからのメンテナンスなどを重要視している。

　もちろん、モノとしての良さも十分なこだわりを見せるが、そこばか

りを推すことはない。なぜなら、顧客が定期的に支払ってくれるのは、創刊号の購入後だからである。

そのため、一度購入に至った後の顧客の動向をとらえる必要がある。

同社の特徴は、単純な分割課金のマネタイズに調和させて、徹底した顧客視点が貫かれている点にある。

5 価値提案を支える
科学的なリサーチ

　このように見てくると、同社のパートワークは、ひとつの発明である。ただし、それは単なる思い付きの企画で価値提案ができ上がっているのではない。

　また、企画だけではなく、実際に未完成のリスクを買い取るには、販売部数の動きなども事前に予測する必要がある。

　どれくらいのタイミングで顧客が離脱していくのかなどは、過去のデータを分析して検討する。もちろん離脱しないような仕掛けをどのように取り入れるのかも重要な課題である。

　このように、パートワーク事業は緻密なマーケティングリサーチによって、実現しているのだ。

■ 社員の誰もが提案できるアイデアジェネレーション

　同社では、企画立案については広く社員の誰でもが企画を提案できるようになっている。それにより多くのアイデアが集まってくる。この「アイデアジェネレーション」を経て、数量的な調査、あるいは質的な調査が複数のフェーズに分けて行われる。分割課金と尖った価値提案の背後には、このような科学的なリサーチによるデータの裏付けがあるのだ。

　マスコミ向けに配布するプレスリリースひとつをとっても、とても慎重である。テレビCMなどの大々的なプロモーションで一気に販売しているイメージがあるが、実は「地域限定先行販売」という小規模なテストマーケティングを行っている。その際には、その地域でローカルCMが先行放送される。販売するプロダクトによってテスト地域は異なるが、全国販売の前にきちんと動向を探っているのだ。このように、拡大販売に入る前に、必ずスモールサンプルでの実験を行っている。

マネタイズの変革が新たな価値提案を発見させる　デアゴスティーニ　■　第5章

■ 顧客にとってベストなものを提案する

　一人の天才が直感的につくり上げたものを爆発的に売る。同社では、そのようなデザイナー的発想ではなく、かなり慎重に検討を重ね、むしろデータ・サイエンティストさながらの緻密な分析でパートワークを成功させている。

　それは、分割課金であると同時に顧客との長い付き合いにつながることを意味する。一時的に売れても離脱されては意味がない。そのため、顧客にとって何がベストかを、長い時間軸の中で検討する必要がある。

6 出版社としての デアゴスティーニの強み

　このようなパートワークのビジネスは、分割課金と尖った価値提案からもたらされるが、そのベースには同社の「出版社のようで出版社でない」という特徴があるという。この点について見ていくことにしよう。

　パートワークの強みは、販売が書店でできる点である。模型メーカーはやはり模型ショップか、玩具店との取引となる。顧客が毎日通うような業態でもないため、定期課金は玩具店では不可能といえるのではないだろうか。

　これに対して、書店は毎日でも通う人がいるため、週に一度くらいは問題なく来店してもらえる。パートワークの販路として書店はまさにうってつけなのである。

　加えて、定期購読や連続するシリーズの部数を予測したり、読者を継続させる方法も必要となるが、それに関して出版社には強みがある。出版社は編集部を持っているため、情報を収集したり、読みやすく編集したり、魅力あるコンテンツづくりをすることはお手の物。これにより、パートワークに付属するマガジンの情報が充実する。その点は模型メーカーには真似できない芸当である。

　たとえば、コレクション系パートワークである『隔週刊「傑作カンフー映画 ブルーレイコレクション」』では、すでに何度も映像化されたブルーレイディスクが、ラインナップに入っている。これらは、すでに家電量販店などで販売され、コモディティ化したものであるにもかかわらず、パートワークになることによってふたたび価値が付与され高価格でも売れていく。

　それが買われる理由こそが、出版社としての編集能力である。つまり、ディスクに付属する雑誌が商品の価値を格段に高めるのである。映画館

で買うパンフレット以上の情報や、あるいは古い映画であっても現代的な解釈や、追加取材などで情報が詰まっている。それが同じ映像内容でもマニアに再度購入させる理由であり、新規のユーザーに興味を持たせる仕掛けである。

ディスクそのものではなく、その背後にあるうんちく（情報）が買われる理由である。プロダクトの背後にある「ストーリー」のおかげで課金が成立しているといえる。

出版社としての同社の調査能力と情報編集力が、まさにマネタイズの裏付けとなっている。出版社ならではの編集部の力が、このビジネスを支えている。

■ 出版社には稀有なマーケティング部

また、純然たる出版社と比較したときの同社の強みは、マーケティング部の存在である。通常の出版社には営業部こそあれ、マーケティング部というのは存在していない。

同社のパートワーク事業での企画成立確率は、アイデア出しから全国販売に至るまでを見ると、数万分の1である。ここに至るまでの調査や、テスト販売などは、マーケティング部でないと支えきれないであろう。

もはやそれは、出版社の営業部の仕事ではない。この点が、出版社とも大きく異なる点である。

このように、メーカーとも違う、出版社とも違うビジネスのやり方は、組織体制にも表れている。

7 モノと価値の違いは ストーリーにある

　あなたの製品を、まだ見ぬ顧客の「自分事」にしやすくする方法はあるだろうか。デアゴスティーニは完成品の塊を切り分け、部分的にマネタイズすることでそれを実現する。

　ただし、売り切りから定期課金へ移行するには、顧客と寄り添えているかどうかがポイントになる。

　ものづくり企業なら、マネタイズの方法を定期課金に変えることで、より収益を安定させ、平準化したいと思うだろう。

　現に最近では、ソニーもそのような**リカーリングモデル（定期収益を目指すマネタイズ）**を目指すことを表明している。

　しかし、そのためには、ユーザーに寄り添う企業側の姿勢が不可欠である。そうした組織体制が整っていない状況では、マネタイズの変更はできないだろう。なぜなら、それには価値提案自体を変更する必要があるからだ。価値提案とマネタイズをコインの裏表のようにマネジメントすることが必要になるからだ。

　同社では、まさにそれを自社の得意なこと、できることで実現している。すべてのパーツで儲けず、メリハリを付けたマネタイズを実施。それにより、趣味を始めることのハードルを下げ、ユーザーが途中で挫折するリスク（未完成のリスク）を買い取るという意味で、従来のものづくり企業とはまったく異なる価値を提案している。

　それは、同社がそもそもものづくり企業ではなく、情報を編集したり、物語を紡ぐことを得意とする出版社であることにも起因している。その強みを最大限に生かして、付加価値を高めているのだ。

　単にマネタイズだけを真似るのではなく、それがあなたのビジネスで、どのような価値提案の変化につながるのかをよく考えていただきた

図表5-3 デアゴスティーニはマネタイズを変革し価値提案を尖らせる

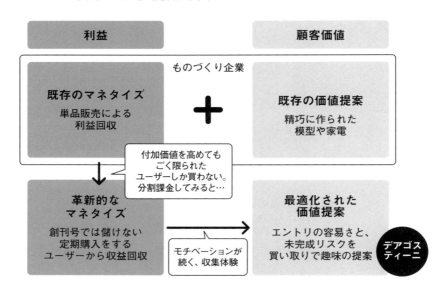

い。

> 学び

- あなたの扱う製品で、顧客の自分事にできるものはないか
- コモディティに価値をつける「ストーリー」をつくれないか
- 単にそのビジネスに定期課金のマネタイズを付け加えようとしていないか
- 定期課金の導入に際して、それを支える組織体制があるか

> マネタイズ理論コラム⑤

定期課金を実現する購買後の顧客行動

　デアゴスティーニのビルドアップのような定期課金を可能にするためには、顧客の購買後の行動を見続ける必要がある。

　顧客の行動を見続ける方法論としては、川上[2013]などで提

示した**「顧客の活動チェーン」**などの方法がある。

図表5－4が顧客の活動チェーンである。これは、顧客はプロダクトを買って終わりではなく、それを使ってなんらかの自分の用事（ジョブ）を片づけようとするという、考え方にもとづいている。そして、この購買後の活動を観察しようとするのは、そこにイノベーションのタネが多く落ちているからだ。

つまり、重要なことは、「片づけるべき用事」よりも、そこからソリューション（問題解決）を差し引いた未解決の用事である。

顧客の用事を見据えて、未解決の部分が多くあるとき、そこには大きなビジネスチャンスがある。困っている人がいるのに、ソリューションはおろか、マネタイズもされていないのだから。

それを、効果的に観察し分析するためのツールが**「顧客の活動チェーン」**である。顧客が用事を解決できない状況で起こっているのが、製品そのものよりも、製品を取り巻く周辺事情である。これには購入時、用事の解決時、それを継続するときの3つのステージが考えられる。

このように、顧客は自分の問題を認識し、そのためにモノを雇う。それが「購入」という行為だ。

しかし、「購入」しただけで、自身の用事が片づくわけではない。

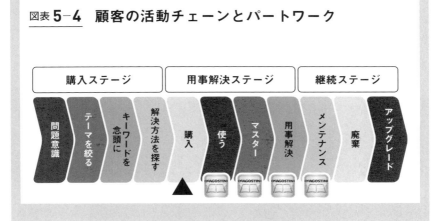

図表5-4　顧客の活動チェーンとパートワーク

それをどうやって使い、あるいはマスターし、用事を解決するのかが重要である。さらにいうなら、用事を片づけ続け（メンテナンス）、廃棄し、次の課題とソリューションにアップグレードすることが考えられる。そうしてわれわれの生活はよくなり、進化を遂げる。

こうしたことを顧客の目線で見るのが「活動チェーン」である。ものづくりを重視する模型メーカー（▲）とデアゴスティーニのパートワークの違いを活動チェーン上に分布させてみた。

模型メーカーは、モノの差別化を行おうとするから、顧客が買うまであるいは買う瞬間に訴えかける。

しかし、デアゴスティーニのパートワークは創刊号の購入後にお付き合いが始まる。しかも、その世界観をより知ってもらい、使いこなして、完成後もメンテナンスをすることで、ファンとお付き合いをする（用事解決ステージ〜継続ステージ）。

これは、マネタイズとソリューションの両方を的確に表している。模型メーカーは差別化と売り切りによる販売だから、顧客の「購入」時には価値提案とマネタイズは終了してしまう。

しかし、デアゴスティーニは、「使う」以降に価値提案とマネタイズを実現することが見てとれる。

ビジネスを分析する際は、マネタイズの特徴以上に、徹底した顧客の目線に立つことが重要である。購入時から、使っているとき、使い終わった後までを、一連の流れとしてお客様目線で考えるのだ。その一連の活動を俯瞰できるのが、顧客の活動チェーンである。

ほかにも、著名なツールとしてはカスタマージャーニーマップ（CJM）などがあるが、用事解決の後の継続ステージなどに焦点が定まらないという欠点がある。定期課金のように、顧客への寄り添いを大切にする際には、ここで紹介した顧客の活動チェーンのような裾の長い思考を持つほうが使い勝手がいいだろう。

第 **6** 章

マネタイズ先行で ビジネスの 大転換を図る
アドビシステムズ

2013年、アドビシステムズはアート系のデザイナーが使用する人気のソフトウェアであるクリエイティブ・スイート（CS）のパッケージ・プロダクト販売を廃止し、月額定期課金のクリエイティブ・クラウド（CC）に完全に切り替えた。日本販売価格にして16万円から33万円の製品を、月額980円から使用できるようにした。

これは、パッケージ商品の「売り切り」をやめ、継続的な定額収入を得る方法に切り替えたことを意味する。

これはアドビが SaaS 型にビジネスを転換したという単純な話ではない。マネタイズのあり方を変えて、価値提案を再構築し、最終的にビジネスのあり方を劇的に変化させたということだ。それはすべての「ものづくり企業」や「もの売り企業」が参考にするべきケースである。

以下では、近年で最もビジネス転換に成功したといわれるアドビのケースを見ていきたい。

1 破壊的な
マネタイズの大改革

　1982年12月に設立されたアドビシステムズ（Adobe Systems Incorporated）は、カリフォルニア州サンノゼに本社を置くソフトウェア会社である。

　アドビは、1987年にイラストレーターを発表、アプリケーションプログラムの販売に本格参入した。

　これは、イラスト制作をはじめ、ロゴや図面、広告、パッケージなどをデザインする描画ツールソフトとして、印刷業界で一般に用いられている製品だ。

　さらに、1990年には写真編集を行うソフトウェアであるフォトショップ（Photoshop）を発売。これはイラストレーターと併せて、デザインや印刷業界などの業界ではデファクト・スタンダードともいえる位置づけとなっている。写真家やデザイナーが行う画像修整など、いわゆる「レタッチ」は、このソフトウェアを使って行われる。

　アドビの中で最も著名な製品としては、1993年にリリースされたアクロバット（Acrobat・PDF）がある。現在、メールなどで書類のやり取りが行われているこのファイル形式は、アドビによって開発されたものだ。誰もが、一度は使用したことがあるソフトウェアといっても過言ではない。

　これらのデザインやドキュメントのツールを統合したソフトウェアとして、アドビは2003年にクリエイティブ・スイート（CS: Creative Suite）を発売する。これはデザインのプロだけではなく、一般ユーザーまでもが好んで利用するソフトウェアである。CSは、12ヶ月から18ヶ月の間隔で新たなバージョンが市場投入された。多くのユーザーに愛され、2012年5月までに6つのバージョンがリリースされた。

2011年には、**売り切り**のパッケージ・プロダクト（社内では「パーペチュアル」とも呼ばれている）であるCSに加えて、クラウド上でメンバーとなって月々定額での利用料金を支払って使用するクリエイティブ・クラウド（CC: Creative Cloud）を並行させる。

しかし、そのすぐ後、業界を震撼させるニュースが報じられた。アドビが最高売上高を記録した2012年、翌年の2013年からはパッケージ版の主要製品であるCSを廃止し、CCに完全移行することを発表したのだ。パッケージとクラウドの併用や選択制ではない。完全なるクラウドへの移行である。CSのパッケージ・プロダクトの構成比が75.9％であったことを考えれば、大きな方向転換ともいえる意思決定である。

個人は49.99ドル、法人では69.99ドルの月額ですべてのソフトウェアが使用でき、パッケージ販売のときの値段2599ドルと比べて大きく値ごろ感のある価格設定であった。

CSの価格は、個人ならばCCのおよそ4年強、法人ではおよそ3年弱に相当する。CSをこの程度の使用期間で買い換える一般ユーザーにとってみれば、この価格設定は妥当であるといえる。他方、最新のものを好み、いち早く毎回最新版を買い替えていた熱心なユーザーであれば、18ヶ月ほどで乗り換えるだろうから、CCの価格設定が割安となるのだ。

サブスクリプション（定期課金）にすることは、ユーザーと長く付き合えるようになる半面、目の前の売上を大きく落とすことにもなりかねない。 諸刃の剣である。CCとCSが併存していたら、営業現場ではパッケージのCSを販売する魅力にとらわれる。そのため、クラウド化が進むのに時間がかかるばかりか、中途半端な結果に終わっていたかもしれない。

その間に、完全クラウド化で攻め込む新規のスタートアップなどが現れ、アドビに破壊的イノベーションを仕掛け、その牙城を根底から崩すかもしれない。この定期課金への変更は、アドビが**自身に対して破壊的イノベーションを仕掛けた**と考えることもできる。

マネタイズ先行でビジネスの大転換を図る　アドビシステムズ　第6章　133

2 定期課金(サブスクリプション)に 切り替えた理由

　さまざまなプロダクトの開発にも成功し、パッケージ・プロダクトの ユーザーも拡大しながら、アドビは順調に業績を伸ばしてきた。しかし、 2007年に CEO となったシャンタヌ・ナラヤンは、2008年のリーマン ショックに直面し、成長が停滞することを危惧した。

　これまでは、Photoshop やそれを含む CS といったクリエイティブ・ ソフトウェアに集中してきたが、それ以上に改革が必要であると感じて いた。

　経済危機を経験し、2009年には売上は20％程度低下[26]（図表6-1参 照）。しかし、リカーリング（継続）収入の割合が大きい他のソフトウェ ア企業は、アドビが苦しんでいる間にも、問題はなかった。

　他方で、アドビは売り切りの販売モデルを採用していたので、不景気 になれば高額ソフトは買い控えられた。実際に、顧客はアドビのプロダ クトを実質無期限で購入し、使用できた。そのため、主要なアプリケー ションや CS を発売すれば、その直後の売上は一気に増加するもののす ぐに鎮静化。12〜24ヶ月で浮き沈みするという収益の波があった。

　そこで、アドビは継続収入が得られる**定期課金方式（サブスクリプ ションモデル）**へと舵を切る決断をする[27]。これには大きく分けて次の5 つの意図があった[28]。

　1つめは、**収益の平準化**である。企業の業務システムや情報システム

26　当時の副社長兼 CFO マーク・ギャレットが語っている。

27　アドビが SaaS 型ビジネスモデルへの転換に成功した背景には、2009年のオムニチュア（SaaS 型 B2B 企業）の買収により、ビジネス領域が拡大したことも一因であることは否めないが、ここではアドビ本体の 意図を中心に論を展開する。

28　このセクションの記述は、筆者によるアドビシステムズ本社（サンノゼ）および日本法人のマーケティン グ本部へのインタビュー調査にもとづいている。また、一部 Gupta and Barley [2015] を参考としている。

などを扱うエンタープライズ系ソフトウェア企業の場合、そのほとんどは、定期課金方式を採用していた。これだと顧客がプロダクトの利用期間を通して定期的に料金を支払うので、収益の平準化が可能になる。

2つめは、**戦略的投資意思決定の強化**である。これは継続収入による収益予測の確実性によって実現する。2008年と2009年の成長停滞を経験した同社は、よりダイナミックな投資が必要であると感じた。それは将来収益によって実現するため、収益変動の激しい売り切りよりも、収益予測が可能なマネタイズのあり方が必要であった。

3つめは、**逸失利益の回復**である。まず、売り切りのパッケージであるパーペチュアルの販売には、海賊版の問題があった。当時の試算で10億ドルが逸失しているといわれた。同社は、それになすすべもなかったが、Photoshopをはじめとするソフトウェアがクラウドで運用されれば、誰も海賊版を使わなくなる。

4つめに、**新たな顧客へのアプローチ**である。プロダクトが高額すぎて、新規顧客が導入できないでいる状況があった。同社はサブスクリプションの導入によって、潜在ユーザーのハードルが一気に下がると考えたのだ。

5つめは、**イノベーションのスピードアップの土台構築**である。パーペチュアルの場合には、顧客が欲しがるであろうものを12ヶ月前に予測して、それをアップデートの開発期間である12〜18ヶ月の間にできるだけ多く詰め込もうとしていた。しかし、これだけデジタル環境がさまざまに変わる状況では、ユーザーのニーズも激変するので、不適合を起こしていた。その結果、よりスピード感のある競合の参入を許すことになった。クラウド化とサブスクリプションによって、プロダクトは常にアップデートすることが可能になる。それは同社の開発現場にとっても、常にイノベーティブであることを要求する。

■ 定期課金方式への転換で顧客が600万人を突破

このように見てくると、収益上の問題（平準化・予測可能性・取り逃

しの排除）と、将来の顧客のための絶えざるイノベーションを目的として、マネタイズの方針を大転換したことがわかる。

しかし、プロダクト（パーペチュアル）の売り切りから、サブスクリプション（定期課金）によるリカーリング収入を得るというマネタイズの大転換は、アドビほどの巨大企業にとっては、大きな意思決定であった。

結果として、その方針は大成功であった。CCに完全移行したのち、2013年第1四半期終了時には約48万人に、そして早くも第3四半期終了時には100万人を超えた。直近では、2016年第4四半期には、メンバーが600万人を超えている。

なおかつメンバーの約35％が新規ユーザーであるという点からも、サブスクリプションをきっかけに新たなユーザーが、高嶺の花であったアドビのプロダクトのユーザーになったことがわかる[29]。

このマネタイズの変革は、目先の利益を多くとりに行こうとするのではなく、将来の継続的な利益と、それを生み出す顧客への価値提案のあり方を変えた。つまり、マネタイズを改めるにあたって、価値提案までもが革新的になり、ビジネスのあり方自体が変化することを見逃してはならない。マネタイズは、価値提案と連動しているのである。

29　Adobe Investor presentation 2017

3 定期課金が経営に
もたらした威力

　とはいえ、定期課金モデルでは、パッケージに比べて、見た目の売上高が減ってしまう。CCの年間利用料がCSの3分の1であるということは、単純に年間の売上も3分の1になってしまう。通常は下したくない意思決定である。

　そこで、ここでは、サブスクリプションの影響が、アドビの財務状況にどのような影響を及ぼしたのかを探っていく。

　先述のアドビのストーリーラインと売上高の趨勢、ならびに構成をまとめたものが図表6－1である。もともとアドビはパッケージ・プロダクトの販売が好調であった。2005年以降の上り基調を見ればその傾向を読み取れる。それはリーマンショックの2008年まで続いた。

　成長停滞の懸念は的中し、2009年に売上高が大きく減少。この年、デジタルマーケティング企業のオムニチュアを買収し、そこから2011年にはサブスクリプションを導入し始める。[30]2013年にはCCに完全移行する。プロダクトよりもサブスクリプションのほうが、年間単位の売上金額が少なくなることもあって、CC完全移行時の2013年は売上を一時的に落とした。

　しかし、2014年には再び増収基調に入り、2015年には2012年時をしのぐふたたび最高売上高である48億ドルを記録した。そして、2016年にはさらに最高売上高を更新している。

　売上高だけで見れば、相当な浮き沈みを経験しつつも以前の水準に戻すどころか、最高を更新し続けている。それがビジネスのやり方を大き

30　CC導入以前の2010年よりサブスクリプション収入が計上されているが、これはAcrobatの一部機能などの追加サービスとして販売していたものである。

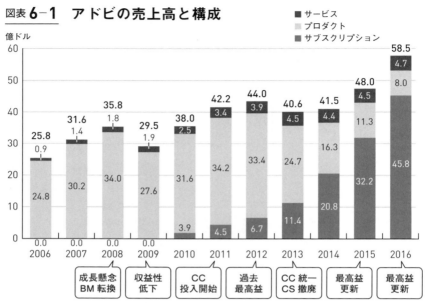

図表6-1 アドビの売上高と構成

出所：アドビのアニュアルレポートより筆者作成

く変化させることによって、実現した成果であることを考えれば、驚異的である。

　売上構成比で見れば、同社は2012年以前とはまったく異なったビジネスのやり方で、最高益を更新しているのだ。

　それを図表6-2でさらに詳しく見てみよう。2012年に44億ドルの最高売上高を計上したときには、サブスクリプションの割合が15％しかなかった。2014年に増収基調に入ったときには、早くも定期課金（サブスクリプション）の構成比（50％）が過半を超え、パッケージ・プロダクト（39％）を超える。

　最高売上時の2015年には、すでに3分の2以上（67％）が定期課金であった。

　2016年には、定期課金の割合は78％にまで達している。アドビのマネタイズの変革が奏功したことがわかる。

図表 6-2 売上高と構成比

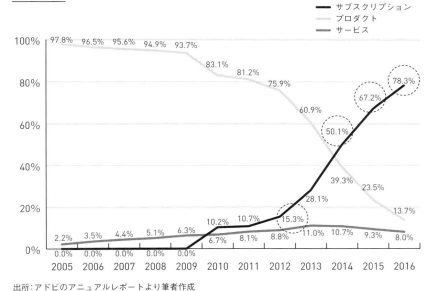

出所：アドビのアニュアルレポートより筆者作成

■ 大転換前の粗利水準に迫る

　さらに、図表 6-3 から各サービスのマージンを見てみよう。2007年からその数値をたどればわかるように、CS をはじめとするパッケージ（図表中「プロダクト」）の粗利益率がかなり高いことが見てとれる。それはおおむね90％を超えており、さらに2012年は最高レベルの96.4％（網掛け部分）を計上する。この段階で10年にわたるヒット商品であり、かつドル箱の CS を廃止することは、苦渋の決断だっただろう。

　そして、定期課金（サブスクリプション）に移行し、そこに重点的に投資されることで、今度はその粗利率が大幅に改善していく。サブスクリプションの場合、製造に伴う印刷代などの変動費がかからないので会員数が増えれば増えるほど、飛躍的に利益を伸ばすことができる。

　2016年時にはパッケージ・プロダクト（91.4％）と変わらない89.9％（網掛け部分）にまで粗利率が高まっている。さらに全体の粗利率も86％程度（網掛け部分）と高水準にある。

図表6-3 サービスごとの粗利益率(マージン)

	サブスクリプション	プロダクト	サービス	全体粗利益率	売上高(千ドル)
2007		91.0%	39.4%	88.8%	3,157,881
2008		92.2%	47.5%	89.9%	3,579,889
2009		91.7%	63.6%	89.9%	2,945,853
2010	49.4%	96.0%	68.3%	89.4%	3,800,000
2011	56.9%	96.3%	65.4%	89.6%	4,216,258
2012	67.5%	96.4%	63.1%	89.0%	4,403,677
2013	75.6%	94.4%	61.9%	85.5%	4,055,240
2014	83.8%	94.0%	57.2%	85.0%	4,147,065
2015	87.3%	92.0%	45.1%	84.5%	4,795,511
2016	89.9%	91.4%	38.4%	86.0%	5,854,430

出所:アドビのアニュアルレポートより筆者作成

さらに、「利益率」からビジネスのあり方を図表6-4で見てみよう。サブスクリプションを導入する以前の2012年には、ROS(売上高営業利益率)は25%を超え、**ROA**(総資産営業利益率)に至っては13%程度と好業績であった。

図表6-4 アドビの利益率

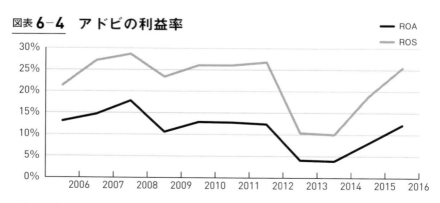

出所:アドビのアニュアルレポートより筆者作成

しかし、2013年のCCへの完全移行時、ROSは10%、ROAは4％と、一時的に大幅に低下した。先述の通り、パッケージ・プロダクトの粗利益が高かったからである。つまり、パッケージから定期課金への見た目の売上高の縮小と、それに伴う利益の圧迫が結果となって表れている。

収益性もまた、2015年から持ち直し、2016年ではCC切り替え以前と遜色ない水準にまで戻している。マネタイズを変更し、大幅なビジネス転換を行ったにもかかわらず、収益性も短期間に持ち直したのだ。

いくらデザイン界の業界標準であるとはいえ、技術の陳腐化が起これば、ユーザーに見切りをつけられる。ROSもROAも以前の水準に戻しているということは、このマネタイズの変革がアドビにとって、いかに最良の意思決定であったのかを知ることができる。

■ 定期課金方式のほうが収益性が高い

このことは、株主にも大歓迎された。2012年4月23日にアドビがCCを発表した日から、2017年現在まで株式市場は、アドビに対して好意的である。当時の株価がおよそ33ドル程度であったが、定期課金に完全移行することを発表した2013年3月には40ドル程度、さらにそこから上昇し、5年後の2017年4月は130ドル以上をつけている。その規模はおよそ4倍である。

高額パッケージの「売り切り」を繰り返すより、将来にわたって顧客と長い付き合いを続ける定期課金のほうが、将来収益を大幅に高めると判断したのである。

戦略的な意思決定は、一時の痛みを伴う。2012年度から2013年度への決断は、まさにそのことを示している。そしてそれは、売上や利益といった従来の経営指標だけを基準とすれば、到底できなかった意思決定であるともいえる。

マネタイズ先行でビジネスの大転換を図る　アドビシステムズ　■　第6章　141

4 マネタイズに合わせて 評価指標は変わる

このような劇的な変革を行うに際して、アドビが主に頼りにしていたのは、伝統的な売上や利益以外の評価指標である。その点について、CEOであるシャンタヌは次のように語っている。

「経営の指標となる数字が売上のみであれば、躊躇したかもしれません。一方、経営が健全であることを証明するのは売上の数字だけではない。ARR（annual recurring revenue：年間継続収入）、サブスクリプション、ブッキングといった数字についての見込みを提示できれば、十分に勝負できると読んでいたのです。価格を抑えることで、新規顧客もつかめるはずです。その上で、試験的に他国でサービスをしてみて反応を探るなどし、決断をしたのです[31]」

マネタイズを変更する際には、従来の売上などの経営指標ではなく、新たな視点からビジネスを見つめ直す必要がある。特に、当期限りの「結果」である売上高の趨勢を見るのではなく、アドビにおいても将来にわたって、どれくらい毎年反復的に収入が得られるのかを見ていたのだ。

現在のアドビのように、SaaS（サース：Software as a Service）型[32]の企業は、ほとんどが月額による定期課金収入を得ている。その収入額を年間分で換算したものがARR（年間継続収入）である[33]。これは、将来（以降の1年間）において反復して入ってくる定期収入がどれくらい

---

31 http://business.nikkeibp.co.jp/atcl/report/15/110879/040700301/?P=3&nextArw のコメントを一部修正
32 ユーザーが必要な機能を必要な期間、あるいは必要な分だけ使うことのできるサービス。
33 ちなみに、月額の定期収入はMRR（monthly recurring revenue）と呼ばれている。現在のメンバーがすべて離脱せずに1年間継続すれば、MRRの12倍がARRとして計算できる。

あるのかを表している。ARR は、成約した時点でそのユーザーからもたらされる年間収入を計算している。

ARRと会計上の売上高の違い

　ここで、ARR と会計上の売上高の違いについて詳しく見てみよう。たとえば、決算の2月に新規顧客を獲得したとする。この場合、財務会計上の売上高は、決算期において2ヶ月分しか計上されないが、ARRでは1年分が積算される（図表6−5）。ARR は、特に計測時点が決められているわけではなく、報告時点での換算になるため、契約済みのユーザーの将来収入は解約がないと仮定して、その時点で ARR に加算されている。

　このように、ARR は計測時点での過去の実績ではなく、今後もたらされる将来収入を1年換算して表したものだ。なお、ARR は定期的に入ってくる収入だけが対象となり、反復性のないサービスなどの収入はカウントされない。

　ARR が優れているのは、来期以降の最低ラインの数字を簡単に予測できることである。たとえば、現在のメンバーが来年も会員であれば、来期の ARR は今期の ARR を下回ることはない。まずはこのような下振れをしないよう、既存ユーザーを喜ばせるような価値提案のアップグレードをしていくという、マネジメント方針が見えてくる。

　加えて、ARR がわかれば、来期に入ってくる収入がわかるので、固定費にどれくらい使えるのかが明らかになり、経営が安定化する。そして何より、戦略的な投資計画を立てることができる。技術革新が激しいこの業界において、投資計画の立案と実行可能性は特に重要である。

　一方、必要な投資案があるときには、今以上にどれだけ ARR を稼がなければならないのかを逆算し、努力目標とする。それはそのまま新規ユーザーの数をどれだけ増加させるべきか、といったわかりやすい指標として、現場にフィードバックされる。図表6−6はアドビの売上とARR の趨勢を示したものである。2013年の CC への完全切り替えを経

マネタイズ先行でビジネスの大転換を図る　アドビシステムズ　第6章　143

図表 6-5　ARRと売上高の違い

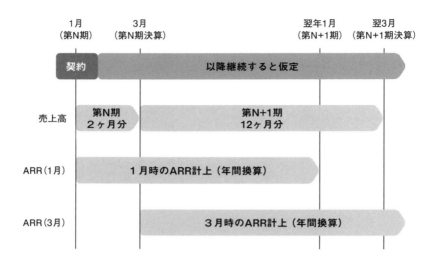

出所：筆者作成

てサブスクリプションのメンバー数を増やし、2015年と2016年の決算月では、来期1年間の予測収入であるARRが実売上高を凌駕していることが見てとれる。

　ARRは来期の収益を占ううえで重要な指標であるが、解約の可能性もある。そこで、実際にマネジメントする際には、会員の解約率も想定しておく必要がある。SaaSのように定期課金を行うビジネスでは、キャンペーン時には多く入会するが、その後解約することも当然ある。そのため、顧客維持率であるリテンションが、ARRと併用するべき重要な尺度となる[34]。あるいは100％からそれを差し引いた解約率である**チャーンレート（Churn rate）**が用いられる。

34　たとえば月額定期課金を行う場合には、まずは月別のチャーンレートを読む必要がある。たとえばチャーンレートが5％で、顧客を95％維持できるとしても、それが毎月続けば、1年後には顧客は54％（95％の12乗）しか残っていないことになる。チャーンレートが月10％であれば、1年後の維持率はわずか28％になってしまう。それをMRRと対応させれば、翌月以降の収益を予測できる。

図表 6-6　アドビのARR

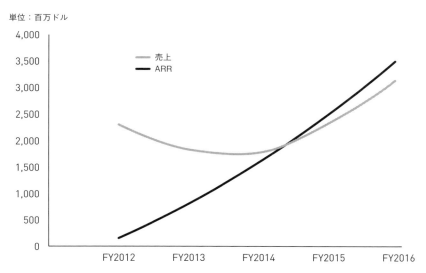

出所：Adobe Investor Presentation Jan. 2017.

　ちなみに、ARRは年間の継続収入であるから、リテンションやチャーンレートも年間の指標を使用する。
　たとえば、12ヶ月間の移動平均値などを基準に、年間のチャーンレートを導き出し、翌年度以降の収益を読む。つまり、定期課金でビジネスを展開する際には、一定の解約は仕方がないにしても、解約されないような魅力的な価値提案が何より重要となる。
　このように、マネタイズの変革には、その実態に応じた評価指標への転換が必要である。アドビにおいても、伝統的な売上高や利益といった「プロダクトの売り切り」時に採用されていた指標から、ユーザーとの関係性をより如実に示すARRやリテンションといった指標へと目を移した結果、こうした英断が可能となった。ビジネスを変革させる際には、従来の常識のみにとらわれていてはならない。それは、価値提案のみならず、評価指標についても同じである。新たなビジネスに挑戦する際は、しかるべき評価指標でマネジメントするべきであることがわかる。

5 固定収益がさらなる
イノベーションを生む

　アドビのマネタイズが極めて優れている点は、それが**固定収益**のマネジメントの手本となるような事例だからである。

　一般にビジネスで重要な損益尺度は、本業の業績を表す**営業利益**である。営業利益を管理するには、費用は変動費（原材料費等）と固定費（人件費、家賃等）に分類し、それぞれの動きを観察することが求められる。

　基本的には、変動費のみでビジネスができれば利益の管理は極めてシンプルになる。なぜなら、売ったときの価格と変動費の差額、すなわち粗利がすべて企業の利益になるからである。しかし、現実のビジネスはそう簡単ではない。

　事業の管理を厄介にさせているのは、固定費の存在である。売っても売れなくても負担しなければならない固定性から、そのコストは固定費と呼ばれる。

　具体的には、水道光熱費、あるいは構成比の大きい人件費、支払家賃、設備などの減価償却費である。固定費があることで、企業は収益変動があるときに、営業利益が大幅に変動する。

　どの企業も、営業利益の安定化を図りたい。なぜなら、それが債権者や株主から資金調達（ファイナンス）する際のコストの原資（出所）であり、翌年以降のイノベーションのタネとなるキャッシュの源になるからだ。

　企業は必死になって営業利益を儲ける。そのためには、固定費割合を低くするしかないと、ファイナンスでは語られてきた。しかし、マネタイズの観点からはさらに違った方法が見えてくる。

　その鍵となるのは、**固定収益**という概念である。費用と同じく収益も**変動収益**と**固定収益**に分類してみれば、同じ売上でもまったく異なる計

上のされ方がされていることに気づく。

変動収益は、継続性がない売上である。たとえば、スポットで売れるものがそれである。

固定収益は、その会社が経常的に得られる収益である。具体的には不動産保有者の家賃収入などは、年間を通してみれば解約がない限り固定収益となる。

固定収益はほかに、固定層による継続的な購入などをさしていうときがあるが、これは必ずしも適切ではない。顧客は単純にリピートをしているだけであって、次もまた買ってくれる保証などはない。そのため、価格設定も高めにしなければならない。つまり、経常的に入ってくるものではないので、厳密には固定収益とは認められない。

このように、固定収益のマネジメントは、固定客のマネジメントであり、その買い替えや支払いのマネジメントである。ものづくり企業にとって、それは実現困難なコンセプトとなっていた。

■ 固定収益＝ARR（年間継続収入）

デジタル分野であるとはいえ、アドビがそれを実際にやってのけた点に革新性がある。パッケージソフトでは固定収益のマネジメントは困難であった。

しかし、それを定期課金にし、なおかつ使い放題にすることで、アドビの収益の柱は固定収益となった。デジタル企業においては、その固定収益こそがARRなのである。

このような固定収益の高さは、イノベーションをもたらす。イノベーションは、増資やましてや借り入れでやるものではなく、内部留保で実行するものである。企業は、すでに自力で儲けた金額でリスクを負うべきである。そうすれば、外部からの圧力にさらされることはない。ARRを最重要の業績指標としたことで、アドビは収益を常に先読みすることができ、安定するようになった。それにより、今後、ますます持続成長可能なイノベーションを仕掛けやすくなっていることに注目したい。

マネタイズ先行でビジネスの大転換を図る　アドビシステムズ　■　第6章　　147

6 マネタイズの
価値提案への影響

　アドビは、パッケージ販売の CS から、クラウドの CC に全面改変し定期課金を導入した。そして、すべてのソフトウェアを、常に最新のバージョンを利用できるようにした。これはユーザーにとって、大きなメリットとなった。

　他方で、定期課金にすることで、いったん販売したソフトに関してあぐらをかけなくなる。そして、バージョンアップを続けない限り、顧客に見限られてしまう。

　アドビは、顧客に本気であることを示した。収益の柱であった高額のプロダクト販売をやめ、顧客に対して導入を促しやすい定期課金に変えた。それは、アップデートの回数を含む接点を積極的に持ち、顧客にイニシアティブを渡し、スピード感のあるアップデートを価値提案に取り込んで、研ぎ澄ませていくという意思決定であった。

　そのことは以下の図表 6 − 7 に示した通りである。同社は成長の停滞を経験したのちに、収益の平準化や、販売の増大などを目的に、目玉商品のマネタイズを変更し、課金ポイントをまずは変更した。それによって、常に顧客が解約できる状態になるが、そのような緊張感のもとでサービス水準を高める努力を行っている。

　それは従業員にも十分に伝わったであろう。かつてのパーペチュアルの CS は約18ヶ月に 1 回のバージョンアップでもユーザーは納得していた。そのため、大幅な開発作業はそのようなリードタイムのもとで展開されてきた。

　しかし、顧客がいつでも離脱できるようになったこのマネタイズのもとでは、つねに顧客に寄り添う姿勢が求められる。

　それにより、アドビは、自ら緊張感を醸成して、技術力を高めていく

図表 6-7　マネタイズ先行で革新的な価値提案が実現した

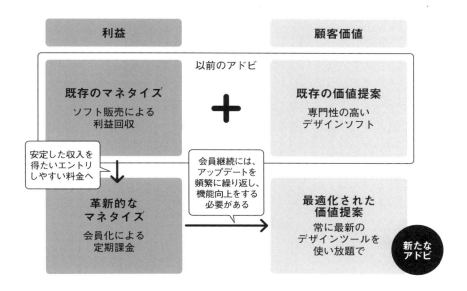

ことが求められる。現在まで会員数が大きく増え続けているところを見ると、ユーザーはそのサービスのあり方に満足しているようだ。アドビは、自らに課したハードルはクリアできているといえよう。

このようなユーザーに対する緊張感は、他社によるディスラプション（破壊的なイノベーション）を回避した。アドビが自らやらねば、どこかのスタートアップが、必要最低限のスペックのソフトウェアを、無料で提供するフリーミアムモデルでアドビに静かな破壊を企てたかもしれない。もちろんそのリスクは、これからもないわけではない。

しかし、高額のパッケージ商品の販売を続けていれば、クラウドでサブスクリプション型のマネタイズをとる今よりも、はるかに高い確率で市場の覇権を奪われていてもおかしくなかった。これらのリスクを、自ら既存のマネタイズを変えることで、未然に防いだのである。

学び

- 収益が最高潮であるときほど、次のマネタイズ法を検討する必要がある。そのプロダクトが最も稼ぐときは、すでにピークを迎えている可能性が高い
- すでに持っている資産を利用して、さらに別の顧客にアプローチをするには、どうしたらよいのか。アドビはこの点と真摯に向き合った
- 高額のプロダクトを、価値を落とすことなく「自分事」にできないかを考えた
- マネタイズを変更するときには、評価指標も最適なものに変える必要がある
- 自社自らに破壊的なイノベーションを仕掛けた

マネタイズ理論コラム⑥

リピーターと定期課金の違い

　定期課金によるマネタイズは、顧客の初期投入を抑えることができるだけではなく、企業にとっても収益を平準化できる優れた方法であることがわかる。それは、リピーターから繰り返し収益を得ることと同一視されることがあるが、それは根本的に違っている。

　リピーターが企業に対して価格を払う際には、企業はその価格で利益がとれるよう設定されている。つまり、売り切りで利益が成立するところ、それを気に入ってくれたユーザーが繰り返し買ってくれている状態が、リピーターの本質である。

　他方で定期課金は、ある一定期間をユーザーが続けてくれないと利益が回収できない。そのため、それ自体を契約で縛る場合もある。たとえば携帯電話の定期課金は、多くの場合２年縛りが適用されている。これは、２年契約してもらえれば、通信会社はコストを回収し、ほしいだけの利益を得られるようマネタイズが設計されていることを意味している。

　ウォーターサーバーなども同じである。そのため、どうしても解約したい場合は、せめてコストを回収する意味において違約金が発生する。

　アドビや前章のデアゴスティーニのように、ユーザーが自在に解約できる場合は、おおよその場合において維持率を想定してマネジメントされている。そのため、あるユーザーはすぐに解約しても、ほかのユーザーが何％か残ってくれることで全体としてコストを回収し、利益を得られるようになっている。

　このように、定期課金によるマネタイズは単純にユーザーと長期間接点を持つだけではなく、ユーザー間の契約期間のばらつきも計算に入れられているのだ。さらに、いつでもユーザーのイニシアティブで購買をやめられるようになっていることで、サービスをす

る側に緊張が走り、価値提案が研ぎ澄まされるという効果がある。

　全体最適で利益を設計するという思想は、構築が難しいが他社にとって真似しにくいものでもあるので、検討に値するマネタイズである。

第**7**章

マネタイズと価値提案のつながりが創造性を強くする
マーベル

近年、爆発的にヒットしている映画に、アメリカンヒーローの実写化がある。そのカテゴリーにおいて、圧倒的な存在感を放っているのがマーベルスタジオ（以下マーベル）である。2009年にはディズニー傘下に加わり、その世界観はますます創造性を増している。

マーベルはそもそも映画スタジオではなく、アメリカの出版社である。コミックを出版して販売していた企業が、なぜこれほどヒット映画を創るようになったのか。なぜ巨大な富を得るようになったのか。なぜディズニーが欲しがったのか。そのきっかけは、マネタイズを革新したことにある。

本章はエンタテインメントの事例としてとらえず、日本のものづくり企業が再度復活するヒントを得るストーリーとして、ぜひ参考にしてほしい。

1 マーベルの
成り立ち[35]

　マーベルは認知度の高いキャラクターを多く持つコミック出版社である。『スパイダーマン』や『X－メン』を知らぬ人はいないだろう。若者の中には、これらキャラクターを映画から知ったものも多いが、これらはもともと、マーベルのコミックに登場するキャラクターである。

　マーベルのルーツは、1939年にマーティン・グッドマンが作り出した『タイムリーコミック』がベースとなった老舗出版社だ。それをベースに、さまざまなヒーローもののコミックが生み出されてきた。

　のちに、グッドマンの甥であるスタン・リーが19歳で編集長として起用され、その才能を発揮する。1957年に『マーベルコミックス』となり、現在のさまざまなキャラクターが生み出されていった。スパイダーマンやX－メンといったキャラクターは、以降映画化されることで、少年だけではなく老若男女を問わず愛されるキャラクターとなっていた。

　なお、『タイムリーコミック』時代の1941年、まさに戦時中にキャプテン・アメリカが登場している。そのため、キャプテン・アメリカは、マーベルのキャラクターの元祖であるといわれている。1960年に入ってからは、スパイダーマンやX－メン、アイアンマンなどが誌面に登場しており、いわゆる現在の形のアメリカンコミックス（アメコミ）の基礎をつくり上げてきた。

　このように順風満帆に見えるマーベルであるが、マーベルはその経営においては、何度か苦境を強いられてきた。コミックがヒットして愛さ

35　マーベルについては歴史も古く、沿革については諸説あるとされている。この章は、エルバース著『ブロックバスター戦略』と同氏による HBR ケース Marvel Enterprises、同社のアニュアルレポート、加えて筆者独自のマーベル関係者へのインタビュー調査にもとづいて執筆している。

れていた時代であるにもかかわらず、1980年代後半から次第に経営が悪化していく。[36]

　1989年には、投資家であり企業再生家のロナルド・ペレルマンがマーベルコミックスを買収し、マーベル・エンタテインメントグループとして上場させた。ペレルマンは、不採算事業を合理化し、他のコミック出版社を買収し、コミック以外の分野に多角化をした。

　一時的に業績はよくなったが、コアビジネスを理解しないため、コミックを乱造することでファンが離れ始め、業績は再び下落した。その後、CEO の解任に関する法廷闘争などいくつかの騒動を経て、1997年に破産を宣告される。

　そんなマーベルを、そもそもライセンシーとして付き合いのあった玩具会社トイビズが買収して倒産から救い、マーベル・エンタープライズと改称する。トイビズのオーナーであったアイク・パールムッターが CEO に、アヴィ・アラッドが創造責任を負う CCO に着任して事業を立て直した。

　1999年7月、新取締役会は、事業再生の専門家であるピーター・クネオを CEO に任命した。そして現在のマーベルの礎を築いていく。

36　その原因は、キャッシュフローに問題があったといわれている。具体的にはコミックがビンテージ化され、たくさんの高価なコミックが発行されるが、それには先に製品を製造する必要があり、製品が高額であればより多くの金額を原価として先に支出しなければならない。つまり、売れれば粗利が大きいものの、先にキャッシュアウトするので資金難に陥ることになる。

マネタイズと価値提案のつながりが創造性を強くする　マーベル　■　第7章　　155

2 キャラクターの貸し出しでマネタイズする

クネオを始めとする新経営陣の1つめの戦略は、保有しているコンテンツのライブラリからマネタイズすることであった。その方法が、ライセンスビジネスである。

具体的には映画、テレビ、出版、ビデオゲームなどのメディア事業と、玩具、アパレル、フィギュアや食品などの一般消費財に対するライセンスの貸与である。

そしてマーベルは、3つの事業セグメントを再構築した。そもそも強みとしてきた出版と、親会社トイビズの本業である玩具、それに、このライセンスビジネスだ。

マーベルが生み出してきたキャラクターの数は現在でも5000以上と、とてつもなく多く、現在も増え続けている。それを中心に据えた戦略展開が、このライセンスビジネスだ。

そのことは、クネオの言葉からも明らかだ。「マーベルの映画を観れば、コミックが読みたくなるでしょう。ビデオゲームもやりたくなるだろうし、キャラクターのついたTシャツも着たくなるでしょう。それ以外にも商品はたくさんあります[37]」。

前経営陣による非関連多角化による失敗とは異なり、コアとなるコンテンツを多重利用して収益機会を増やすというマネタイズを試みた。

クネオは2つめの戦略として、長期にわたるマネタイズに集中することを掲げた。

「われわれのキャラクター、それぞれのキャリア計画を練っている。たとえば、スパイダーマンの次の5年にわたるキャリアは、2作以上の映

37　Elberse [2005]。

画、DVD、玩具、ゲーム、バーガーキングのプロモーションと計画的に考えている。もはやタレント事務所のような具合に[38]」。

　ということは、マネタイズを継続するといいつつも、コアにスパイダーマンのコンテンツとしての魅力は不可欠である。そのため、スパイダーマンという映画にある種の中毒性が必要になるということだ。

　そして３つめの戦略として、出版事業の品質重視と強化を掲げた。マーベルは、映画やテレビ業界から有名な作家やアーティストを雇用し、クリエイティブチームが他社に流出しないように、独占的な雇用契約をした。それによって、コアビジネスである出版も復活させた。これらのクネオの戦略は見事に奏功した。

　これは裏を返せば、新たなマネタイズの戦略がない限りは、マーベルほどの企業であっても倒産の憂き目をみるということを示唆している。誰もが古くから知る魅力的なキャラクターや、深みのあるストーリーといった、価値のあるコンテンツを保有していたとしても、つくられるコミックの内容や芸術性のみに頼っていれば、ビジネスとしては成立しない。

　これが無名の企業であれば、誰の助けもなく消滅していたであろう。クネオらによって、マーベルは新たなビジネスの方向性を見出したのである。

■ キャラクターを映画会社にライセンス貸与する

　以降、10年間にわたって、経営陣はコミック出版事業を黒字転換させ、玩具とライセンスも成功させた。

　そして、マーベルのキャラクターがいっせいに映画に貸し出された。ソニー・ピクチャーズに「スパイダーマン」を、ユニバーサルに「ハルク」を、20世紀FOXに「X-メン」をライセンスとして貸与した。

　それらの映画が製作、上映され、大ヒット作品となってアメリカ国内

38　Elberse [2005]。

だけで制作費の回収を終えていた。

　一般的にほとんどの映画が、興行収入だけで回収されることはないため、これらマーベルのヒーローが原作となる映画が、収益的にもいかに魅力的であるのかが証明された。

　そして、キャラクターもさらに認知とブランド化が進むと、キャラクター製品などのライセンスが莫大な収益を生み出すようになった。

3 ライセンスによる
マネタイズの成果

　マーベルの映画へのライセンス貸与は、1998年公開の映画『ブレイド』から本格的に始まった。この作品は4500万ドルとハリウッド映画としては製作費規模は大きくないながらも、アメリカ国内興行収入7008万ドル、全世界の興行収入が1億3118万ドルと、大成功を収めている。

　これにより、マーベルのコンテンツはヒットにつながることが証明された。さらにここからフィギュアをはじめとする玩具も販売され、マネタイズの方程式が見え始める。

　2000年には『X-メン』が公開され、大ヒットとなり、その後シリーズ化がされたことは記憶に新しい。

　この間、マーベルの総売上において、ライセンスが占める割合が2.1%から8〜9%台へと増大し（図表7-1）、ビジネス改革の萌芽が見てとれる。

　以下の図表7-1にあるライセンス売上には、映画化権だけではなく、玩具のロイヤリティ[39]、それにアパレルへのロイヤリティ、あるいは一般消費財へのロイヤリティを含んでいる。そのため、この新たなビジネスが、映画から派生するグッズ販売の波を起こしたことがわかる。

　そして、このような新たなマネタイズの顕著な例がなんといっても『スパイダーマン』である。マーベルがソニー・ピクチャーズにライセンスを貸与して、2002年に『スパイダーマン』が公開された。それは、大ヒットを記録する。制作費は1.4億ドルであったが、興行収入は実にアメリカだけで4億ドル、世界で8.2億ドルを稼ぎ出した。

　このような成果もあり、2002年には、マーベルはすでに明確な営業黒

39　項目中の「玩具」は、マーベルの買収企業であるトイビズ製玩具。

マネタイズと価値提案のつながりが創造性を強くする　マーベル　第7章　159

図表 **7**-**1** 再建開始後のマーベルの
売上構成と営業利益構成の推移

	1998	1999	2000	2001	2002	2003	2004
売上高	232.1	319.6	231.7	181.2	299.0	347.6	513.5
営業利益	-19.5	0.3	-59.0	1.3	80.5	167.2	224.4
売上高営業利益率	-8.4%	0.1%	-25.5%	0.7%	26.9%	48.1%	43.7%
ライセンス売上	4.9	30.9	19.2	40	57.8	124.4	214.7
玩具売上	212.4	245.8	167.3	91.7	176.8	150.0	212.8
出版売上	14.7	43	45.1	49.5	64.5	73.3	86.0
ライセンス売上構成比	2.1%	9.7%	8.3%	22.1%	19.3%	35.8%	41.8%
玩具売上構成比	91.5%	76.9%	72.2%	50.6%	59.1%	43.1%	41.4%
出版売上構成比	6.3%	13.5%	19.5%	27.3%	21.6%	21.1%	16.7%

	1998	1999	2000	2001	2002	2003	2004
営業利益	-19.5	0.3	-59.0	1.6	80.5	167.2	224.4
ライセンス営業利益	-1	-0.1	-15.2	2.5	47.6	83.2	152.7
玩具営業利益	-18.7	10.9	-45.3	-5.8	30.7	77.9	58.1
出版営業利益	0.2	3.7	9.1	14.4	19.6	25.4	37.3
本社営業利益経費	0	-14.3	-7.6	-9.5	-17.3	-19.4	-23.7
ライセンス営利構成比	5.1%	-0.7%	29.6%	22.5%	48.7%	44.6%	76.1%
玩具営利構成比	96.1%	74.9%	88.1%	-52.3%	31.4%	41.7%	28.9%
出版営利構成比	-1.0%	25.4%	-17.7%	129.7%	20.0%	13.6%	18.6%

（単位：百万ドル）
出所：Marvel Enterprises アニュアルレポートより筆者作成

字を出し始め、2003年から2004年にかけては、最高売上と最高営業利益
を更新し続ける（図表7－1網掛け部分）。

　さらに、マーベルのアニュアルレポートによれば、映画が公開された
2002年と2004年において『スパイダーマン』は、マーベルの営業利益の
およそ半分（玩具、ライセンス、消費財等のすべてを含む）を占めてお
り、なおかつ公開のない2003年も、マーベルの営業利益の少なくとも3
分の1を占めていた。

　当初のマネタイズ変革の戦略通り、ライセンスアウトされたキャラク
ターが映画で活躍すれば、それにより映画での収入も入り、さらにグッ

ズでのライセンス収入も入ってくるという循環が生まれた。

　業績を見ても、スパイダーマン後のマーベルのビジネスは見違えるようである。

　ライセンスは営業利益率も高く、営業利益への貢献度も高い（図表7－1網掛け部分）。そのため、ライセンスをより重視したビジネスを展開することで、**マーベルヒーローたちが、これまでつくり上げてきた価値提案を、次々に利益に変え始めたのである。**

4 盤石な経営体制を 手に入れる

　スパイダーマンは世界的ヒットで多くの利益を叩き出したが、マーベルには不満が募った。ソニー・ピクチャーズから受け取ったメディアライセンスの金額がわずか2500万ドルだったからだ。

　そのとき、CEOのクネオは気づいた。これまでは会社を再建する点が重視され、マーベル自体が出資をしてこなかった。そのため、プロダクトがヒットしてもリターンは固定的であるか、割合がかなり小さい。

　このようにキャラクターのライセンス貸与で作った映画では彼らが思ったほど利益にならない。その代わり、同社の経営陣は、自社のキャラクターを映画会社によってブランディングしてもらっている。その費用は莫大であるから、キャラクターグッズが販売される頃には、すでに広告宣伝が終了しており、同社はその費用を負担せずに済んでいる。このように、同社は自社の費用を最小限に抑えつつも、自らがリスクを負わずに、ライセンスの売上と利益で、業績を向上させていたのだ。

　1997年の会社再建から5年が経ち、このようなマネタイズ戦略で業績を良くした同社は、財務状況も盤石になりつつあった。この前後のマーベル・エンタープライズの財政状況を図表7－2にまとめた。

　これを見ると、クネオがCEOになった1997年以来、経営再建による緊縮財政が敷かれていた。特にスパイダーマンの契約をしていた2000年あたりは、運転資金は4307万ドルと少額であった。この当時には、多額の固定負債や任意償還券付き優先株などもあり、いわば借入重視のファイナンスであった。そのため、当然に巨額の投資は避けなければならない。

　前述の通り、2002年3月にスパイダーマンが成功するやさまざまなライセンス契約に積極的にかかわり、2003年には、前年とはケタ違いの運

図表7-2 マーベルの財政状況

	2000	2001	2002	2003	2004
運転資金	43,067	29,990	32,604	214,198	142,231
総資産	553,957	517,570	517,519	741,857	714,814
借入金	—	37,000	—	—	—
その他固定負債	250,000	150,962	150,962	150,962	—
任意償還券付優先株	202,185	207,975	32,780	—	—
株主資本	31,396	41,958	242,869	469,450	546,500

（単位：千ドル）
出所：Marvel Enterprisesアニュアルレポートより筆者作成

転資本を保有している。

　さらに借入金や、そのほかの負債、さらには優先株を償還し、なおかつ株主資本が増大している。財務的にもかなりのスリム化に成功し、なおかつ安定的な経営基盤を手に入れ、リスクをとれる体制になってきた。

　そのため、2005年にいよいよ、マーベルはライセンスではない方法で映画製作に乗り出すことにした。自社で出資してリスクを負って製作を行う決断をしたのだ。

　ただし、すでにライセンス貸与した作品は使えない。そのため、それ以外のキャラクターを使って映画化に乗り出す[40]。

　この大勝負は、メリルリンチから借り入れた5.3億ドルの支援により実現する。その資金を元手に、2008年の公開を目指して『アイアンマン』と『インクレディブル・ハルク』が製作された。大手配給会社のパラマウントに配給を委託する契約も結んだ。

　それらが公開されたのちも、『アイアンマン２』（2010）、『マイティ・ソー』（2011）、『キャプテン・アメリカ』（2011）が立て続けに製作された。

40　http://trendy.nikkeibp.co.jp/article/column/20080516/1011217/

これら一連の作品がマーベルによって製作され、大手配給会社によって公開されていった。

　作ってはメガヒットとなり、それぞれが全世界興行収入20億ドル以上を稼いだ。この間、当然、キャラクター商品も次々に販売され、玩具売上も他社へのラインセンス収入も巨額となった。

5 価値提案をさらに尖らせるために リスクをとる

　マーベルが自社で映画をつくるようになった理由は、キャラクターの
ブランドを守ることが、マネタイズとしても、価値提案としても重要で
あることに気づいたからであろう。

　財政的にも十分に安定度を増したことで、再度キャラクターのブラン
ドを自分たちで育てることを決意したいと考えた。もともとひとつの軒
下で思想を持って生まれたキャラクターを、バラバラにライセンスアウ
トすれば、世界観を他人にゆだねてしまうことになる。

　それによって、ノーリスクで大金を手に入れることはできるが、他人
の手で粗製乱造されてしまえば、それこそキャラクターのブランドを毀
損することになる。それは、同社のものづくり企業としてのDNAが良
しとしないだろう。

　もちろん映画のヒットによって、世の中にマーベル作品のブランドが
定着し、さらに作品を次々に送り出すことによって、アパレルや自社製
玩具、さらにはゲームが売れ、それによる収入がさらに期待できる点は
否定しない。つまりは、価値のほんの一部ではなく、全部を余す所なく
収穫しに行くことは十分理にかなっている。

　しかし、その循環には、真にファンの心をつかむ必要がある。そして
それは、他社ではなく、自社がキャラクターを大切にブランディングす
ることによって実現すると考えたのだ。

　同社は、ライセンスによるマネタイズによって正常な財務基盤を取り
戻し、それを価値提案にさらに投下することに成功した。他人がつくっ
た映画でグッズライセンスを得ていた時代は終わり、自社制作の映画で
ライセンス収入を得て、その収入がさらに巨額映画の製作資金に回され
るという、循環型のビジネスモデルを作ったのである。

マネタイズと価値提案のつながりが創造性を強くする　マーベル　第7章　165

6 自社制作でさらに 価値提案を磨く

　このようなビジネスモデルが確立したところで、2009年8月、ウォルト・ディズニーがマーベルを40億ドルで買収した。それは、古くはミッキーマウスから循環型ビジネスモデルをしている企業同士の結合であると考えられる。

　この後、ディズニーはスター・ウォーズのルーカスフィルムも買収する。これによって、映画での価値提案とキャラクターによるマネタイズのビジネスは、もはやディズニー・グループの専売特許となった。

　マーベルのヒーローもスター・ウォーズのキャラクターも、ディズニーというエージェントのタレントとなり、活躍の場をより大きく広げている。

　しかも、すべてを自社制作することで、キャラクターのブランディングを自分たちの思い通りにしていき、質の悪い作品に登場させて毀損するようなことはしない。

　2012年、マーベルがディズニーの手にわたってから『アベンジャーズ』がつくられ、公開された。その世界興行収入は15億1175万ドルと、年間では1位、長い映画の歴史の中でも歴代3位と、空前の大ヒットとなり、その後に公開された映画にもその記録は塗り替えられていない。

　まさに巨額の収入を生み出したわけであるが、もちろんマネタイズはそこで完了しない。そのグッズ収入は394億ドルと破格である。ライセンス収入によるマネタイズを目指したビジネスモデルは、極めてうまく機能している。

　しかし、その話はそこで終わるほど単純ではない。ポイントは、マネタイズの方法を変えただけではなく、それによって価値提案のあり方まで変わったことである。

つまり、ライセンスを主たるマネタイズの方法と位置付けるならば、キャラクター商品が欲しくなるような映像を見せる必要があるということだ。

　そのため、キャラクターを徹底的につくり上げ、アイコンとなるような武器やギアなどを持たせる必要がある。マーベルの改革が見事なのは、ライセンスによるマネタイズをしようと決めた時点で、提案するコンテンツの内容にも手が加えられていることだ。それは、映画だけではなく、コミックも影響を受け、見せ方が変わってくるのである。

　すなわち、マネタイズに最適化させた価値提案が必要になるのだ。

マネタイズと価値提案のつながりが創造性を強くする　マーベル ■ 第7章　　167

7 日本のものづくり企業が 見習うべきこと

　マーベルの事例は、エンタテインメント企業の単なる成功話ではない。これは芸術を大切にするものづくり企業にこそ、考えてもらいたい話である。

　特に日本のものづくりは、「メイドインジャパン」という言葉が思考停止を招く傾向にある。「メイドインジャパン」が差別化のポイントであり、それを訴えかければ売れるという神話があると、日本企業は思っている。

　しかし、残念なことに、もはやそのようなことはない。これまで多くの日本企業が倒産し、そして伝統技術が消えていった。「メイドインジャパン」は日本人のみが抱く幻想となりつつある。

　マーベルのマネタイズ変革と価値提案の再認識に至るプロセスは、まさに現在の日本企業が参考にするべき点が多い。これを日本のものづくり企業に置き換えて読み解くことで、われわれが取り掛からなければならない点が見えてくる。

　そもそも、コミックをつくって売っていた出版社（ものづくり企業）は、それまでコミック（モノ）を売って利益をあげるビジネスをしていた。それでもみんながキャラクター（メイドインジャパンの技術）を好んで買ってくれていた。

　しかし、さらにたくさんつくって売ろうとしたため、キャッシュアウトが多くなるばかりか、在庫が増えて財政難となった。メイドインジャパンは、ここで思考停止していないだろうか。

　マーベルはそこで思考転換を図る。ここから再建の道を探り、キャラクターのライセンスアウトをし、それによるタレントエージェンシーとしてのビジネスを再始動する。これを仮に、バージョン2.0と呼ぶ。さ

図表 7-3 マーベルのビジネス変革は
マネタイズから

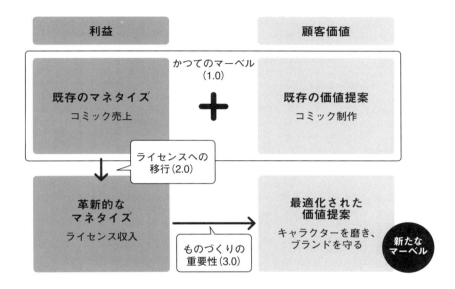

まざまなキャラクターがライセンス先の映画に登場し、グッズが売れていく。マーベルはそうして収益を得る。それにより、盤石の財務体質を手に入れた。ここまででマーベルの改革（2.0）が完了する。

しかし、そこでハッピーエンドを迎えるわけではない。マーベルは本質の大切さに気づくのだ。ライセンス供与は確かに莫大な利益を手にする。だが、自分たちのキャラクター醸成（ものづくり）によるものではない。それによりブランドが毀損していくことに懸念を覚える。

そこで、キャラクター醸成も含めて、自社でマネジメントすることを決意する。これを3.0と呼ぶ。そして、自社でブランドを大切に育てる方針をとった結果、現在ではディズニーとの合併により、さらに創造性を推し進めたビジネスが展開されている。

近年、マーベルは一度ライセンス貸与した商品を、もう一度自分たちの世界観でつくることを試みている。たとえば、初期にライセンスアウトした『ブレイド』や、『デアデビル』などは、すでにマーベルの手に

戻している。

　また、ソニー・ピクチャーズに貸与したスパイダーマンは、マーベルのキャラクターの中でも1、2を争う人気であり、ファンはマーベルの世界観（マーベル・シネマティック・ユニバース：MCU）でアベンジャーズに合流することを望んでいた。

　しかし、ソニー・ピクチャーズはドル箱であるスパイダーマンを手放すはずはない。そのため、長年、不可能と思われたこの企画であるが、2016年に『キャプテン・アメリカ：シビルウォー』でスパイダーマンを登場させる。それは狂喜をもって迎えられた。

　そして、スパイダーマンが主役の映画をマーベルの手によって製作することに成功する。2017年公開の『スパイダーマン：ホームカミング』である。ソニー・ピクチャーズの出資でありながら、マーベルがそれを制作し、ソニー・ピクチャーズの配給で世界興行をするという異例の取引で、この作品を制作した。ディズニー傘下になり、ますますすべてを一貫したビジネスとして成立させたいマーベル側としては、考えられない取引であった。

　しかも、一定程度ソニー・ピクチャーズの損失を受け入れるという条項まで付いているといわれる。生まれるグッズのライセンス収入なども、ソニー・ピクチャーズに一部配分する。そこまでしてマーベルはスパイダーマンを自分たちの世界で活躍させたかったのだ。そうやって、キャラクターのブランド価値を守りたかったのである。

　このようなプロセスは、すべてのものづくり企業に当てはまる。ものづくりを大切にする日本企業こそ、このマーベルの復活劇と、その後のビジネスモデルから学んでいただきたい。バージョン2.0以降のストーリーを、マネタイズから着手することも検討材料にしていただきたい。

学び

■ マネタイズ先行でビジネスを組み直し、コミックのキャラクターのタレントエージェントなった

■ そこから、キャラクターを育てるという価値提案の重要性に気づき、再び創造性に力を入れ始めた

■ 一見、事業会社とは縁遠いように思われるエンタテインメント企業であるが、その価値創造とマネタイズの方法論こそ、事業会社が取り入れるべき

マネタイズ理論コラム⑦

リクープ（回収）

リクープとは、回収を意味する。マネタイズを考える際には、まずこのリクープをどれくらいの期間をかけて行うのかを問題とする。

ファイナンスでは、これを**ペイバック**という評価尺度を使って計算する。具体的には、投じた資金と予定している収益の額と発生タイミングから、その期間を割り出すということである。対象にもよるが、かつては製品の回収期間は6〜7年でOKとされてきた。

だが、現在はそれでは着手しない。特にデジタル製品などは技術の陳腐化が激しく、回収に時間がかかればかかるほど、見込みが立たなくなるからだ。そのため、長くても3年以内に回収できなければならない。

本章で紹介した映画ビジネスの場合、実際にはリクープには多大な時間がかかる。劇場映画に投じられる資本は年々、巨大になったにもかかわらず収益を読み切れない。それによって、早期回収の圧力が高まり、さまざまな収益機会で早めに公開する傾向が見られるようになった。その収益機会を彼らは「ウィンドウ」と呼んでいる。「窓」つまり国内の劇場スクリーンでの上映を皮切りに、国外上映、テレビ、タブレットやスマートフォンなどを指している。

映画の場合、あるウィンドウでヒットしたからといって、次につなげる、というような様子見はしない。そもそも映画は劇場公開だけでリクープできる確率が極めて低い。

　そのため、ウィンドウは段階的に決定されるのではなく、企画・製作時からウィンドウのスケジュールが決められており、収益機会をあらかじめプロジェクトに織り込んでいるのだ。このように、製作時にはすでに回数を重ねて収益を回収する算段ができているのだ。

　ただ、近年では劇場映画に投じられる資本は、「ブロックバスター」といわれるように、巨大になっている。そこで、劇場だけでもある程度回収できるように、原作のある作品が好まれる傾向にある。原作のファンを取り込めるからである。

　『ハリー・ポッター』をはじめとして、本章で紹介したマーベルヒーローはまさにうってつけである。このように、大きく投じて大きく儲けるやり方がハリウッドでは一般的になっている。逆に、中途半端に投じれば、失敗するという。

第 **8** 章

マネタイズの
枠組みを超えて
世界を変える
Ècole42（forty two）

1024台のワークステーションが所狭しと並び、繭のように学生たちを育てる。

「貧困から若者を救うのは、コーディング能力だ」。実業家グザビエ・ニエル（Xavier Niel）はそう思い立ち、2013年10月に日本円にして約100億円の私財を投じて、フランスにプログラミングの学校「Ècole 42」を設立した。2016年には、シリコンバレーの対岸にあるフリーモントにUS校を開校。

卒業生は15万ドルプレーヤー（年収1700万円程度）になれるという夢がある。それはビジネススクールや、エリート養成大学ではない。そこで教えられるのは「コーディング技術」だけ。すべてが独特で、かつてない方針で運営される。

しかも学費はなんと無料。学業に打ち込むため寮費も無料。技術を身につければ、誰もが有名企業に雇われ、高年収が期待できる。

この学校はいったいどうやって運営されているのか。その仕組みを解明すれば、マネタイズについての重要な本質が見えてくる。

1 社会課題としての「教育」問題を解決する

　人生に後悔をしている。教育の機会を逃してしまったが、なんとかやり直したい。しかし、それにはお金がかかる。学校へ行こうにも、月謝が払えない。その前に、受験をするためのお金がない。生活費すらままならないのに、結局、このまま貧困から脱出できずにあきらめるしかないのか……。

　かつてフランスにはこのような若者がたくさんいた。貧困のため進学できず、チャンスを失った若者たちである。若者の力こそ、国力である。にもかかわらず、一度教育の機会を失ってしまった若者は、立ち直れず、生活すらままならない。彼らが人生をやり直すチャンスはないのか。

　このような状況下で、成功したIT起業家のグザビエ・ニエルはプログラミング学校の設立を思い立つ。卒業時には世界中で通用するプログラマーとして、先方の企業から欲しがるようなレベルの人材を輩出する学校を設立することだ。なぜなら、今、企業ではどのようなスキルを持った人材がほしいのか、一番よくわかっているのがニエル自身だからだ。彼は次のように語っている。

「フランスの大学は無料で、いろんな人が入れるが、大学を卒業しても、企業に必要な技術を持つ人材にならない。あるいは、私立のいい学校があっても、授業料が高すぎて才能があっても入れない人もいる。つまり、公立大学は中途半端で実業に最適化されていない一方で、私立大学は実業に対応していても授業料が高く、チャンスを逃してしまう」

　ニエルは社会課題として「教育」をとらえているため、人生を充実して生きるための教育機会を、誰にでも与えてあげたいと考えている。特に、貧困や才能ある若者の教育困難な状況をなんとかしたいと思っているのだ。

2 フリー（無料）モデルを 学校に適用する

　そのような思いを実現するため、ニエルは、プログラミングの学校42を設立する。彼の寄付額は、総額7000万ユーロ（1億ドル：100億円）を予定している。1260万ユーロ（1800万ドル：18億円）で建物を調達し、トータル2000万ユーロ（2860万ドル：28.6億円）を初期費用とした。年間ランニングコストの10年分として、5000万ユーロ（1年あたり約500万ユーロ）を想定している。2013年に開学し、3年が経過した2017年現在、2500人がフランスで学んでいる。

　2016年11月には、サンフランシスコのベイエリアのフリーモントに42を新たに開学した。世界中から学生を受け入れるため、20万平方フィートの教室（土地建物に2650万ドル（27億円））と300人収容の寮に対して、初期費用として4000万ドル（40億円）を投じ、年間800万ドル（8億円）のランニングコストをかけて運営する。

　すべてを積算すると、両方の学校に対してニエルが10年間に投じる金額は2.5億ドルになるといわれている。

　その課程を終了すれば、卒業生は世界のスタートアップが15万ドル出しても欲しがる、高収入プレーヤーになれる計算である。それなのに授業料は無料。学生が生活する寮費まで無料である。1食あたり4ユーロ支払えば食事までできる。これなら、誰にでも平等にチャンスがある。

　この夢のような学校はどうやって設立され、運用されているのか。その前にニエルという人物を知る必要がある。

　ニエルはフランス有数の資産家（資産額81億ドル）であり、フォーブス誌においても世界長者番付に名を連ねている。フランスでイリアッドという通信会社を興して、フランス国内では誰もが知る「Free（フリー）」というサービスを展開している。

マネタイズの枠組みを超えて世界を変える　Ècole42（forty two）　第8章　175

図表 8-1　イリアッドのFreeのサービス展開

テレビもインターネットも電話も使えて**29.99ユーロ**。

電話はもちろん無料で、**国際電話も無料**。

**インターネットの契約がしてあれば、携帯電話も1台のみ、
契約料、通話料金無料**。

2台目でも、1ヶ月通話料2時間込みで、2ユーロ（約250円）。

　こうした画期的なビジネスが人気を呼んで、後発組にもかかわらず、携帯契約のシェアを大幅に獲得し、企業価値を増大させた。上場して資産家となったが、そのキャリアは順風満帆ではなかった。彼自身も学位がないことで苦しんだ経験がある。

　そこで社会的弱者を自分の力でなんとかしようと考えた。それが42の設立であった。いみじくも、Freeで成功した彼は、そのサービスの方針通り、徹底した「無料」でその姿勢を世の中に示した。Freeモデルを学校にも適用したのである。

　ニエルのおかげで、ここに通う学生たちは授業料はおろか、生活費まで無料である。いわば自ら生き方でフリー（Free）を示したのだ。

図表 **8-2　創設者グザビエ・ニエルは
　　　　シリコンバレーにも42をつくった**

École42より提供

（筆者撮影）

マネタイズの枠組みを超えて世界を変える　École42（forty two）　■　第 8 章　　177

3 42の仕組み

　42の受け入れ条件は、18歳から31歳までであり、高校を卒業していなくてもいい。そして、プログラミングの能力をまったく持っていなくてもいい。

　ただし、やり遂げる意志があり、そのための努力を惜しまない者だけを受け入れている。

　42と学生との最初の接点は、オンラインの適正テストである。学生は、まず自分の好きなタイミングで簡単な適性テストをオンラインで受ける。これを通過すれば、本学で開催される「ラピシン」という選抜試験を受験し、そこから這い上がる必要がある。「ラピシン（la piscine）」とは、フランス語で「スイミング・プール」を意味する。

　ラピシンは、いわばセレクションである。4週間にわたって、初心者がコーディングを学び、期日までに与えられた課題をこなしていく。激しいトライアルがそこで繰り広げられる。ちなみに、ラピシンの受験時は、コーディングに関する知識はなくてもいい。そこからすべてが始まるのだ。

■ フランスでは3000人が学ぶ

　図表8－3は初年度の受験状況をまとめたものである。この年、約7万人がオンラインテストに応募。2万名がテストを完了した後、4000人がラピシンを受けた。そののち、890人が創立時の学生として選ばれた。ラピシンから本学に勝ち抜いたのは22.3％である。[41]以降も、年間に

41　ちなみに、オンラインテストからの受験者7万人のうち合格者890人は、合格率1.2％を意味する。これは、ハーバードの6％よりも狭き門であると言われている。

図表 **8-3** フランス校での初年度の受験状況

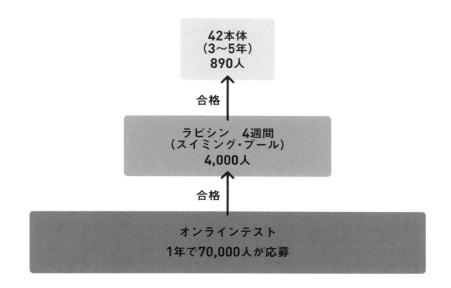

　約1000名程度を目安として学生が入学し、およそ3000人がフランス校で学んでいる。なお、1回のラピシンに落ちても、繰り返し受験することができる。ドロップアウトは本人次第で、がんばればいつかは本校に上がれる仕組みである。

　2017年6月までに600人が卒業し、フランス企業やアメリカ企業で就業している。

　その平均的報酬は、初期の読み通り10万〜15万ドルであるという。

4 満を持して
シリコンバレーにも開校

　このように42の成り立ちは、フランスの若者にチャンスを与えるための学校である。その卒業生は、世界中の企業からオファーを受け取る。とりわけ、深刻なプログラマー不足が続くシリコンバレーからのオファーが多くを占めている。

　ツイッターCEOのジャック・ドーシーや、スナップチャットのエヴァン・スピーゲルなどは、42を支持し、積極的に卒業生にオファーをかけている。

　そうした経緯もあり、シリコンバレーにおいて42の存在感が徐々に増してきた。

　そして、よりシリコンバレーを意識した人材形成が必要であることを認識し、2016年10月、満を持してカリフォルニア州フリーモントに42を設立した。

　フリーモント校では、開学以来約1年間で5回のペースでラピシンが開催されている（図表8－4）。

　2017年7月現在、オンラインテストはこれまで3万3646人が応募し、そののちラピシンを受けられた合計人数は1272人。

　本学の受け入れは、1回のラピシンを経て、100人から200人である。ラピシンを勝ち抜いてフリーモント校に在籍できた人数は総勢521人。ラピシンから40％程度、また応募者から15％程度が本校の学生として就学している。

　フランス校よりも、フリーモント校の方が入学しやすい印象であるが、それはオンラインテストの応募者が、フランスよりも少ないことがあげられる。

　これは、コード教育に関しては、サンフランシスコのベイエリアでは

図表 **8-4** ラピシンの開催日と受験者

	時　期	受　験　者
第 1 回	2016年 7月	1 7 6
第 2 回	2016年 8月	3 0 1
第 3 回	2016年10月	1 9 0
第 4 回	2017年 1月	1 6 7
第 5 回	2017年 4月	1 7 2
第 6 回	2017年 7月	2 6 6
合　計		1 2 7 2

提供：42広報担当Parenteau氏

既存のサービスが多く存在するためである。

5 すでにある価値提案としての ブートキャンプ

　サンフランシスコのベイエリアには、すでに多くの「コーディング・ブートキャンプ」がある。これは、コーディングスキルを初学者に向けて短期集中で教えるという学習プログラムである。

　平均受講期間は約13週間で、修了時には高いスキルを身につけているようになっている。

　ただし、有償でなおかつ高額である。

　コーダーを目指す若者の間では、ここで学んでキャリアアップするという道筋がすでに一般的である。ベイエリアのブートキャンプで1ヶ月学んだ初学者が、テック系企業から16万ドルのオファーを受けたという事例もある。[42]

　実際にベイエリアに存在するいくつかのブートキャンプをあげたものが図表8-5だ。概ね1.5万ドル程度は必要である。

　このように、すでに高額のブートキャンプが当たり前で、一般的に浸透し成熟化している状況下で、42は後発組として参入した。

　その意図は、「誰にでもチャンスを与えたい」という思想からきている。ブートキャンプでさえ高額すぎて普通の若者には受講できないことにある。

　だから42は無料の学校として設立された。この点が、既存のブートキャンプとは趣が異なっている。

　ブートキャンプと42はサービスの対象者が異なっている。ブートキャンプは、職業経験者がキャリアアップのために使うことが多い。そのため、将来の収入の増大を目指すビジネスパーソンが主な対象となってお

---

42 『ジェトロセンサー』2017年1月号47頁。

図表 **8**-5　ベイエリアのコーディング・ブートキャンプ

機関名・場所	内容など
Coding Dojo （サンノゼ）	フルタイム（オンキャンパス、14 週間）。ルビーやパイソンなど言語が選べることが特徴。受講料は 1 万 3495 ドル（サンノゼ校）、オンライン受講料が 6000 ドル。
Dev Bootcamp （サンフランシスコ）	全米初のブートキャンプ。オンライン、オンキャンパスがある。受講料は 2500 ～ 1 万 3950 ドル。
Hackbright Academy （サンフランシスコ）	女性のテクノロジー産業への参加促進を促す。対象は女性のみ。受講料は 3000 ～ 1 万 6570 ドル。
Telegraph Academy （オークランド）	主に有色人種の技術取得を助けることをミッションとする。受講料は 1 万 7780 ドル。
Udacity （サンフランシスコ）	Google や AT&T などテクノロジー大手企業が各コースを作成。アンドロイドアプリ開発など支援企業のソフトに特化したプログラムが特徴。自動運転エンジニアクラス（36 週間）で 2400 ドル、VR クラス（オンライン）は月額 199 ドル。

注：オンラインだけでなくオンキャンパスのコースがある機関のみ表示

出所：『ジェトロセンサー』2017年1月号47ページ

り、高額の受講費も払うことができる。

　他方で、42は若者が対象者。無料化することで学びの機会がなかった若者にチャンスを与える価値提案になっている。結果的に、ブートキャンプとは似て非なるサービスとなっていることがわかる。

マネタイズの枠組みを超えて世界を変える　École42（forty two）　■　第 8 章　　183

6 42では具体的に
何を教えているのか？

　繰り返し述べるように、42のターゲットは学びの機会がなかった若者である。彼らに対して、コーディング技術を教えるが、その内容も独特であるといえる。

　ブートキャンプとの違いは、**「総合性」**にあるといえる。ブートキャンプは、主に単一のプログラミング言語を教えるが、42ではコーダーとして必要なたくさんの言語を学べる。

　そのため、カリキュラムも長く、終了するのに3年から5年の期間を要するのだ。

　さらに、教育方針もはっきりしており、単純にスキルだけではなく、コーディング技術を通して、自発的な人間形成を行っている。この点をカリキュラムの責任者であり、フリーモント校の共同設立者のクワミ・ヤングナン（Kwame Yamgnane）は、次のように語ってくれた。[43]

　「この学校はすべてが新しい。それは実業界で求められている基準で学校のカリキュラムやそのほかをつくっているからです。これまでのものづくりとデジタルでは、求められている基準や『価値』そのものが違っています。ものづくりではこれまで『コピー』が重要とされてきました。つまり、よいものをどれだけ模倣するのか。それが技術の継承を生み、ものづくりをよくしてきたのです。

　学校の教育はこのオールドスタイルに合わせて、『コピー』を推奨するように組み立てられています。特に、日本のみなさんはその傾向が強いのではないでしょうか？　だからこそ、日本はデジタルで出遅れてい

43　2017年6月1日、現地にてインタビュー調査。

ることに気づいてください。デジタルでは、『独創性』が重要なのです。『独創性』は、教えられるものではありません。だから自分で考える必要があります。学生たちには、自分で解決する力を身につけてほしい。なぜならば、私たちは誰も学生の将来に何が起こるかわからないからです」

　42では、何かを教えるということはしない。

　自分たちで考える作法を学ばせているのである。**社会で起こりうるさまざまな困難を自分の頭で考え、そして解決し、さらに新たな問いを自分で見つけていく。**そんな人材が多くいる世の中にしたいと思っているのだ。

　そのため、驚くべきことに、**42には教師はいない。**生徒は、高度にゲーミフィケーションされたプログラムを画面上で学ぶ。そこには動画で補助がなされ、基本的な事項は自分で学んでいくというスタイルである。

　「42では教師はいませんが、できない生徒ができる生徒に、なんでも聞くことはだめです。あくまでお互いにヒントを与え合って、課題に向かい合ってもらいます。それに課題には、期日も設定していない。じっくりと向かい合って、よいソリューションを出してほしいのです」

　これは、42の哲学をそのまま体現していると思われる。その分、教員やアシスタントを配置する必要がなくなり、固定費が大幅に削減できる仕組みになっている。

　24時間いつでも学べるというのも、これら一貫した仕組みが支えている。高度な自学自習と教え合いによる教育スタイルが、時間に関係のない学びの姿勢をつくっているのだ。

マネタイズの枠組みを超えて世界を変える　École42（forty two）■ 第8章　185

7 新たなマネタイズのあり方を示す42

　42では、ユーザーに対する価値提案が、徹底的に無料である。唯一、学生が支払っているのは食費くらいであるが、これも1食4ドルと単純な実費負担である。そうなると、当然気になるのは、42がどこから収益を得ているのか、ということである。

　実は、ない。どこにもないのである。

　そこで、実際に共同創業者でCTOも務めるフロリアン・ブヒャー（Florian Bucher）にマネタイズについて聞いてみた。[44]

　「マネタイズ？　どこからもまったく考えていません。すべてを無料でやるのがわれわれの方針なのです。ここが学生たちにとって必要な『場』にならないといけない。ニエルが10年分のランニングコストを入れるといってからすでに3年。あと7年のうちに考えます。その間に、卒業生のビジネスがユニコーン企業[45]に化ける可能性も高いので、彼らからの寄付がいただけるかもしれませんし」

　42はまったく収益を得ていないのだ。いわゆるNPO（非営利組織）として運営されている。課金ポイントはあるのだ。例えば、学生がつくりあげたアプリやサービスについての権利だ。「場」を強調するかぎり、そこでのマネタイズはあって然るべきだ。

　しかし、42はそれをしない。筆者はそこに、マネタイズの未来形を見た。相当に尖った価値提案だと思ったからだ。

44　2017年6月1日、現地にてインタビュー調査。
45　非上場ながら10億ドルを超える企業価値がつく企業。

それは、人生をやり直したい若者に無料で支援し、優秀な人材を社会に排出して活躍してもらうこと。まさに「恩送り」の概念であり、そこでの見返りは期待しない。あるとすれば、社会で、若者がいきいきと働き、経済が周り、国が潤い、現在30%ともいわれるフランスの失業率の改善にも役立つということだ。筆者は、フランスの国力の底上げに貢献する可能性を秘めている、壮大かつ意義のあるチャレンだと感じた。

　42は、いつか卒業生たちがテック系企業を起こし、ニエルのように成功し、その恩を42に返してくれたら嬉しいと考えている。

　その実現は近いかもしれない。なぜなら、スタートアップは身軽に創業し、早期にイグジット（株式公開または売却）するので、経営者が富を手にするまでのスピードが極めて短いからだ。

　もちろん、その可能性は不確実であるが、恩送りの重要性を知る42の学生も、いつか42に恩返しをしたいと筆者に語ってくれた。

マネタイズの枠組みを超えて世界を変える　École42（forty two）　第 8 章　　187

8 存続し続けられるのか？

　42は人生をやり直したい若者を支援することを価値提案の柱としている。ブートキャンプや既存の大学が高額すぎることから、42はそれをまず無料にすることを考え、その無料を徹底した。そのため、ランニングコストを最小化できるように教師もおかず、学生同士が教え合うというピアツーピアの体制と、カリキュラムをつくり上げた。

　実際のところ、社会に出れば先生はいない。信用できる仲間と助け合いながら事を成し遂げていく。つまり、42はまず非常識にもマネタイズを排除したうえで、価値提案のエッジを尖らせていった（図表8－6）。

　このような42の独特な形態が可能となるのは、どこからも「独立」し

図表 8-6　サービス視点でのブートキャンプと42の違い

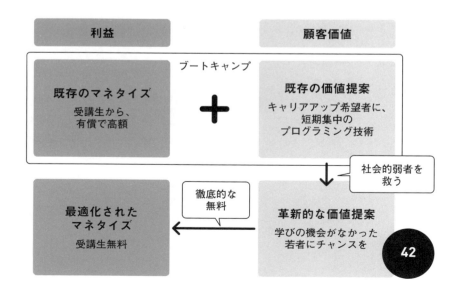

ていて、なおかつ学生からもマネタイズしていないからである。

　現在は、ニエルとアルムナイ以外の寄付を受け付けていない。それは、誰かから資本を拠出してもらうことになると、42の方針がぶれてしまうからだという。そこに当初からある信念の強さを感じることができる。

　顧客価値や社会課題の解決は、その提案方法が優れていればいいというわけではない。誰が資本を提供するのか、あるいは誰から代金を回収するのか、それによってその骨子が変わる。

　その意味において、42の事例は、われわれに大切なことを教えてくれる。

　しかし、42の活動は社会的に大きな意義があるため、何らかの形で確実に持続可能にしてほしいと、誰もが思うことだろう。そのため、42が寄付というストックではなく、収益というフローで賄われていくことが今後必要といえる。それは、42が学生や社会と持つ接点から考えることができる。

　学生からマネタイズしたくなければ、就業の斡旋機能を強化して、企業サイドから採用の手数料を課金することもできる。

　42は現在、ツイッターやフェイスブックとの採用関係のつながりがあるものの、それは学校と就職先のゆるやかな関係性にとどまっている。それを数年後の就職を視野に入れながら、確たる関係に変えていくことは、現在の42でも可能である。

　ただ、もし採用手数料をとってしまえば、42のカリキュラムがたちまち採用マーケットを意識したものとなり、コンセプトがぶれてしまうかもしれない。

　しかし、これだけの社会課題を解決している学校である。なんらかの形でフローを得る必要はあるため、マネタイズと価値提案のバランスがとれるところで、今後それをビジネスとして独立させていくことだろう。

■ マネタイズの本質とは？

　全体像を見渡してみれば、42には課金ポイントがたくさんある。それはマネジメントサイドももちろん理解している。しかし、あえてマネタイズをせず、価値提案を優先する。42のケースからは、その点を読みとってほしい。

　42は、マネタイズの概念を超える。それはみだりにマネタイズをしないという新たなマネタイズの形である。収益化ではなく、「恩送り」という人間活動によって運営することを選択した。

　ビジネスとは社会課題の解決である。社会課題の解決は、すなわち顧客への価値提案である。ビジネスでは新たな価値提案こそが重要であり、マネタイズはそれを実現するための要素である。

　したがって価値提案がぶれるならば、強引にマネタイズを推し進めるべきではない。収益化を意識しすぎて、価値提案が揺れてしまうのは本末転倒である。

　研ぎ澄まされた価値提案を最優先するために、スタートアップ企業が、なかなかマネタイズに踏み切らないのも、同じ理由である。

　42は社会的弱者である若者を自立させることを価値提案としている。スタートアップ企業のように、運営しながら最適なマネタイズのあり方をアップデートすることで、さらに洗練されたサービスになっていくだろう。フリーで名を上げた起業家のニエルが立ち上げた学校である。存続可能性を考えた収益のとり方を考えていないはずがない。既存のフリーモデル（無料経済）では説明しきれない、あらたなマネタイズを私たちに見せてくれることだろう。

学び

■ 通常のサービスに課金をしないという決定もまた、マネタイズの考え方である

■ グザビエ・ニエルは、「フリー」を学校にも適用した

■ 無料にすることで、貧困の若者を救うという価値提案を掲げ、世の中を変えていこうとしている

■ マネタイズのあり方を変えれば、既存のものとはまったく異なる価値提案になる

■ みだりなマネタイズは、価値提案を崩壊させる。あえてマネタイズをしないことで価値提案を純粋に追求している

マネタイズ理論コラム⑧

フリーモデル

　アンダーソンが提示して一躍デジタル企業のマネタイズ法として認知を得た「**フリー**」。しかし、それはやたらに無料にしてよいというものではなく、それでも企業が損をしないというからくりがある。すでに第三者市場は紹介したが、そのほかにもコアな有料顧客が無料顧客を支える**フリーミアム**、そして顧客自身が無料で主製品を使って、有料の付属製品や消耗品を使い込むことでそのコストをリクープする**直接的内部相互補助**がある。

　これらに加えてネットの世界では、コンテンツを無料で得ることができるが、その報酬が必ずしも金ではなく評判である場合が少なくない。それらが**非貨幣経済**という概念である。

　ただし、非貨幣経済で成功すれば広告収入などがついたり、あるいはテレビ出演や本の執筆依頼、また講演などのオファーが来て長期的には利益を得られる仕組みがあるため、最終的には金銭的報酬を手にすることになる。

　筆者が42の評判を聞きつけ、その本質を調べたいと思ったのは、いったいどのようなフリーモデルを使っているのかを知りたかったからである。

　しかし、42には上記のようなフリーモデルに該当するものはなかった。創設者の寄付で成り立っていた。

　むしろ彼らはわれわれに新たなフリーモデルを示しているのかもしれない。それは「**恩送り（ペイ・フォワード）**」そのものである。

　42の学生は自分がしてもらったことに感謝し、それを返せるときが来れば、人間はいつか後進に恩を送るだろう。もちろん、42にそのような恩着せがましさはまったくない。

　しかし、ニエルの恩を受けた学生たちは、自分がしてもらったことの大きさを必ず感じるはずである。

事業名に Free と名付けたニエルの、恩送りによる新たなフリーモデルが実現してほしい。これはその壮大な実験なのではないだろうか。

第 **9** 章

マネタイズは
顧客への価値提案と
結合して
ブレークスルーを生む

本書では、価値提案とマネタイズが相互に補完し合いながら、ブレーク
スルーを実現したケースを紹介してきた。ここまで読まれたみなさんな
らばもうお気づきと思うが、これらのケースは、価値提案とマネタイズ
の組み合わせ方が異なっている。そこで、ケースの概略に触れながら、
それらが2つのブレークスルーのロジックに分類できることを示す。
ひとつは**「尖った価値提案の実現のためにマネタイズを駆使するもの」**
であり、もうひとつは**「マネタイズのイノベーションからはじめて価値
提案を尖らせるもの」**である。

1 マネタイズは 価値提案にしたがう

　価値提案はビジネスの最重要課題である。本書で紹介したケースの中には、価値提案を実現する際に、マネタイズをうまく駆使したものがある。それらは、「**マネタイズは価値提案にしたがう**」を実践している。

■（1）4つのケースの復習

　イノベーションに成功する企業は、価値提案を実現させるためにマネタイズをうまく活用している。「**尖った価値提案の実現のためにマネタイズを駆使するもの**」としてはテスラや、ピーターパン、LDK、42が該当する。

　こうした企業では、価値提案を十分に尖らせたのち、それを実現するためにマネタイズのあり方も変更させているのである。

　テスラは、「**電気自動車（EV）をもとに展開される自動運転などテクノロジーの進化に伴って、購入後にアップグレードする車**」という尖った価値提案をしている。コネクティッド・カーである以上、購入後も乗車時に顧客と随時接点を持っている。新たな機能を付加したいときには、アプリ課金のように機能を後から購入することができる。

　また、製品レベルのマネタイズのメリハリもはっきりしている。スーパーカー並の加速を実現できるが、それよりも価格が半分以下でP100Dを販売している。この最高級グレードの車の売上が、次の普及車であるモデル3の開発資金に回された。

　ピーターパンは、「**地域コミュニティを生み出す**」という価値提案を行っている。それは、従来のパン屋やカフェとは異なる価値提案である。

そのため、子供には徹底的に奉仕しコストをかけるが、そこからは回収しようとはしない。スペースの開放や器具の投資なども同様である。また、コーヒーにも課金しない。

しかし、それらのクオリティに手を抜くことはない。課金をしても遜色のないレベルのものを提供する。ピーターパンはそれよりも、パンにしっかりと課金をする。価値提案を広くとったからといって、課金ポイントまで広げることはしないのだ。

LDK は、「**本当に消費者に信頼される情報を提供する**」という価値提案を研ぎ澄ませる。そのため、批評をすることを一番に見据え、業界のマネタイズ慣行を破った。それでは成り立たないといわれた、広告収入なしの雑誌をつくり上げた。読者からの支払いのみで成り立たせたのだ。だからといって読者が支払う料金を上げることはしない。そのため、同じ情報ソースを再編集したムック本を販売して、必要な利益額を生み出している。通常の雑誌のマネタイズとは大幅に異なっている。

42は、学校そのものを無料にし、「**人生を充実して生きるための教育機会を、誰にでも与えてあげたい**」という価値提案をしている。そもそも学校は学費の定期課金で成り立つ。あるいは、同じカテゴリーでは、ブートキャンプは高額なコースを売り切ることでマネタイズをしている。42はいずれのパターンとも異なり、ユーザーには課金しない。すべては創設者の寄付金から成り立っている。そのおかげで、創設者の意図通りの学校運営ができる。ただ、今後の存続を重視すれば、なんらかの自己完結型のフロー収入が必要となるだろう。運営しながらマネタイズのあり方を変え、**ピボット（方向転換）**を繰り返し、洗練されたサービスになっていくことと思われる。

■ （２）尖った価値提案を実現するためマネタイズを駆使する

以上を踏まえて、あなたがビジネス上で抱えている問題は、この枠組

みでどのように解決できるのかを最後に示したい。

まずは、旧態依然とした窮屈な業界でも価値提案のイノベーションを起こす考え方であり、次にそれをビジネスアイデアに高める考え方である。

テスラ、ピーターパン、LDK、42はいずれも伝統的な業界で革新的な価値提案を展開している。自動車、パン屋、雑誌出版社、（専門）学校、といったカテゴリーはまさにオールドビジネスを代表する業界である。大きなイノベーションの余白などない。

これらは伝統産業であるがゆえ、もっとも窮屈なビジネスを強いられるだろう。あなたのビジネスよりも窮屈かもしれない。

しかし、これらの企業がイノベーションを成し遂げた要因は、革新的な価値提案だけではない。それにぴったりと合うマネタイズを組み合わせて、世の中をあっと驚かせたからである。

たとえば、「自動車」というプロダクトレベルの価値提案では、ガソリンゼロ程度のポイントしか強調できない。そうではなく、彼らはむしろ、**「進化する移動体験」**を示したのだ。ただし、それには車を売り切っていたのでは実現が難しい。そこで、彼らの価値提案を支える、**追加課金制度**を導入したのだ。これによって、後から機能をアップデートしてユーザーに課金できるし、それによって陳腐化も起こらない。企業と顧客の両方にとってよいビジネスとなっている。

ピーターパンのコミュニティとしての存在もそうである。それ自体は、ほかのパン屋でも唱えそうなことである。現にピーターパンを模倣するパン屋は多く存在している。しかし、それらがうまく機能しないのは、カフェで課金をしたり、子供やお年寄りへのサービスにコストをかけたりしないからである。

また、LDKのように本音で批評する雑誌は、ノースポンサードでし

か実現できない。他の雑誌がどうも信用できないのはマネタイズに問題があるからだ。

世の中にはさまざまな学校が存在している。その中には、「人生をやり直したい人」や「学び直したい人」「キャリアアップを望む人」といったターゲティングがなされて、カリキュラムを組むものがある。42は、そうした学校と価値提案ではあまり変わらない。しかし、無料を打ち出して、本当にそのようなターゲットが望むことを実現しようとする姿勢を見せた。ほかの学校は相変わらず月謝を取るのみであろう。

これだけ成熟した世の中では、価値提案のイノベーションの余地は少ない。窮屈であるため、そんなに大幅な変革を期待することは難しい。
しかし、それにぴったりと合うマネタイズの方法論が加わったとき、その価値提案はビジネスとして大きく飛躍する可能性がある（図表9-

図表9-1 価値提案の変更はマネタイズの変更をもたらす

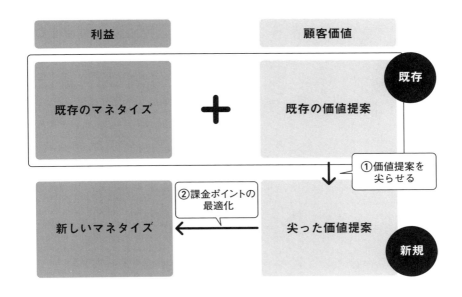

1）。

　苦労して見つかった価値提案のイノベーションが、凡庸なマネタイズと組み合わされれば、ビジネスアイデアとしては凡庸なままである。

　その価値提案にフィットするマネタイズを見つけることができれば、あなたのビジネスも大きく変貌を遂げるだろう。

■ 自社のマネタイズを疑ってみる

　価値提案のイノベーションの余白は少ない。だからといって、価値提案を尖らせる努力は怠ってはならない。それこそが、企業の存在理由だからである。そのため、経営者には、それが既存の価値提案とは微差であっても、果敢に挑戦をし、新たなビジネスを生み出すことで世の中を前進させていただきたい。

　そのときに、マネタイズの方法が既存のままであれば、尖った意思決定と融合せず、イノベーションの実現が妨げられている可能性がある。

　たとえば、ハイエンドなプロダクトをつくって、これまでにない経験を提案としているとしても、売り切りのマネタイズのままであれば、商品が高すぎて購入できない状態になっていないだろうか。正直さを売りにするレビューサイトを運営しているのに、比較対象となる業者から広告費をもらっていないだろうか。

　もしあなたが尖った価値提案をしている自負があるにもかかわらず、イノベーションがうまく進んでいないと悩んでいるのであれば、マネタイズの方法を疑ってみてほしい。

2 価値提案は
マネタイズにしたがう

　1とは異なり、マネタイズから変革し、それをもとに価値提案を新た
にするきっかけを得る。このやり方でブレークスルーを実現した企業も
ある。いうなれば、「価値提案はマネタイズにしたがう」である。

■（1）4つのケースの復習
「マネタイズの変革から始めて顧客価値提案を尖らせブレークスルー」
したケースとしては、ネットフリックス、デアゴスティーニ、アドビ、
そしてマーベルがこれに該当する。
　業界におけるマネタイズの常識をくつがえし、新たな価値提案に結び
つけた企業たちだ。それはマネタイズにおいて、他社と差別化するのは
もちろん、自社としてもマネタイズのイノベーションを起こした事例で
ある。

　ネットフリックスは、従来の DVD レンタルと異なる定額課金のマネ
タイズを示し、新たな価値を顧客に示したばかりか、その後ネット配信
によってさらに新たなビジネスへと進化する。そしてテレビ業界に斬り
込むが、テレビ局のような三者間市場ではなく、単純にユーザーとの間
の定期課金契約で成り立っている。ここが、大きなマネタイズの変革だ。
そのため、ユーザーが増えれば増えるほど、コンテンツに巨額を投じる
ことができる。しかし、それを待つのではなく、コンテンツに巨額を投
じて、さらにユーザーを増やそうとする戦略に打って出ている。「もう
テレビは観なくていい」という消費者に対して、継続的な定期課金をし
てでも良質なコンテンツを提案するというビジネスを提案しているの
だ。

マネタイズは顧客への価値提案と結合してブレークスルーを生む　■　第9章　　201

デアゴスティーニは、パートワークによって定期収入を可能にした。それはユーザーにとってもメリットが大きい。組み立て系の模型などは、あまりマニアではないユーザーをも取り込むことに成功した。それは、ユーザーの金銭的負担を月々に分散することで少額になり、また未完成のリスクを企業側が買い取ってくれるという画期的な価値提案につながっている。高嶺の花であった趣味を手の届く提案に変え、さらに付属のマガジンでバックストーリーを付けることで、これまで模型などには無関心であった層を取り込むことに成功した。

アドビは、これまでの高額なパッケージ販売から、定期課金型（サブスクリプション）の収益を実現するために、価値提案を一新した。同社のソフトウェアを使い放題にしたばかりではなく、常に最新のものを提供することにした。これにより、モデルサイクルという概念はなくなり、常に顧客とタッチポイントを持ってサービスを向上させる緊張感を持つことになった。それは後発企業による破壊的イノベーションを自ら防いだことを意味する。

マーベルは、出版社として破たんを経験したのち、コミックのキャラクターを抱えるタレントエージェントとなった。ここがマネタイズの変革である。原価をかけずに収入が入ってくる仕組みである。多額のライセンス収入を得て、マーベルの財務状況は盤石となる。興味深いことに、マーベルはそこにとどまらず、自社で映画製作を始めた。これには2つの意味がある。ひとつは、ライセンスを得るには、キャラクターが映画の中で生き生きと描かれている必要があるため、価値提案を自らのコントロールのもとで充実させたかったこと。もうひとつは、他社任せではなく、自分たちでキャラクターの世界観をもう一度作り込みたいという、芸術家集団としての誇りに目覚めたことである。マネタイズを続ければ、ブランドが毀損する。それには、ブランドを育てるという意識も

重要であることが、このケースから読み解くことができる。

　これらのケースからわかることは、マネタイズのイノベーションによって、それに伴う顧客価値の変革アイデアが生まれることだ。それは、価値提案のイノベーションを促すことにつながる。

■（2）マネタイズの変革は価値提案を尖らせる

　繰り返し述べるように価値提案は見えやすいため同質化が起こりやすい。

　また、あなたの同業者や同僚もみな価値提案の勉強を一生懸命しているだろうから、ますますイノベーションのスペースがない。

　しかし、マネタイズにはまだまだイノベーションのスペースがあるし、コモディティ化（同質化）もしにくい。

　しかも、マネタイズを変革することは別の業界のそれを参考にして、あなたのビジネスに加えることができる。

　たとえば、これまでは、プロダクトを購入するのに支払いが高くつくものであったが、企業がマネタイズを変更することで、それを小分けにすることができる。定期課金収入に変えるというのは、そのことを意味する。これは今まで関係ないと思っていたユーザーが、その価値提案に興味を持つ大きなポイントになる。

　ユーザーは興味があっても金額の高さや、その商品を見定めることができず、購入を躊躇することがある。

　しかし、マネタイズの方法を変えることで、ユーザーの背中を押すことができる可能性がある。つまり、企業が示す**「価値の自分事化」**である。

　デアゴスティーニやアドビのケースなら、比較的手ごろな価格で手に届きやすくし、しかも、もし顧客が自分にとって必要ないと思えば顧客の意思でやめることができる。

　また、マネタイズ先行で顧客価値のイノベーションを考えることは、

図表9-2　マネタイズの変更が尖った価値提案を生み出す

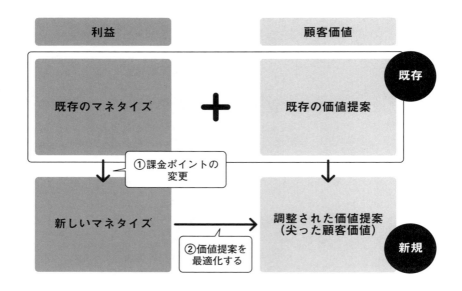

価値提案への緊張感を持つことになる。

　ネットフリックスは、テレビのリモコンに入り込みユーザーを静かに奪いながらも、定期課金であるという緊張感を持ちつつ、上質のコンテンツを提供し続ける。

　マーベルは巨額の製作費をかけて映画を撮り、ドル箱のグッズ収入を得る。その収入は、次の映画制作に投じられる。

　このように、マネタイズの変革から始め、他社とは異なる課金ポイントを持つことで、価値提案も突出したものになるのだ（図表9-2）。

　課金ポイントを変更すれば、顧客接点も見直す必要がある。なぜならば、課金ポイントは、顧客接点と表裏一体であるからだ。

　ということは、課金ポイントを増やしたいのであれば、顧客接点を増やしたり、深くしたりする必要がある。

　それは面倒な作業であるように思われるが、利益を増やす企業は、す

べからく顧客に対して、今まで以上にメンテナンスやアップグレードなどのアフターケアを忘れない。その対価は一体何によって得られるのかを自覚しているため、顧客に対して緊張感を持って接し、かつ、問題解決に何かしらの提案をすることで、価値提案の革新性を増すべく、企業は努力するのである。

　先に挙げたケースからも、それを読み解いていただきたい。

3 適切なマネタイズが 可能にすること

　これまで述べてきたように、2つのロジックで顧客価値提案とマネタイズを複眼的にとらえられれば、まだまだイノベーションの余白を見つけ出すことはできる。それを実現するには、うまくマネタイズを駆使することが求められる。そこで、いかにしてマネタイズと顧客への価値提案との関係をあなたのビジネスに役立てるのか、そのヒントを示すことにしよう。

■ （1）価値提案の最終段階として

　顧客価値提案は、ある一定の問題を抱えた顧客にとって、その人物に最適なソリューションを、他のあらゆる代替案とは異なる方法で、提案することである。

　それは、最終的に顧客と接点を持ちながら、対価を得ることになる。ある接点では対価をとり、他の接点では対価をとらない、あるいは対価をとるものの、原価を下回ることもあれば、大幅に利益をとれるものもあるだろう。

　このように、**顧客に価値提案をしながらも、どのように利益を獲得するのかを決定するのがマネタイズの本質**である。そのため、マネタイズの巧拙が、優れた価値提案として顧客に認識されるかどうかを、最終的に決定することになる。

　注意したいのが、顧客にとって無料であることがすべてよいというわけではないということだ。アンダーソンによる「フリー」が提示されて以降、多くの企業がサービスを無料化する風潮にある。しかし、キャンペーンとしての無料以外に、無策にも恒久的に無料化することは危険である。

というのも、人は優れたサービスにはきちんと対価を支払う準備があるからだ。たとえば、ピーターパンの顧客はコミュニティとして同店を利用しながらも、パンにはきちんと代金を支払っているし、LDK の読者も商品情報に金を出している。

　無料がすべていいということではなく、尖った価値提案を課金ポイントで表現できれば、顧客は納得するのだ。このように、**マネタイズは価値提案を経済的に顧客に納得してもらうための方法論**なのである。

■ （2）価値提案の「自分事化」を実現する

　価値提案を尖らせる必要はあるが、尖らせれば尖らせるほどハイスペックになり、同時に高価格にもなる。あるいは未来感によって自分とは関係ないという印象を持たれる場合もあれば、悪いときには、特定の顧客に疎外感を抱かせることもあるだろう。

　マネタイズには、こうした尖った価値提案の他人事感を自分事にする力がある。

　現在の自分には関係ないが、いずれは追加課金によって今の自動車が自動運転車になるとすれば、近未来も自分事になる。テスラはそれをオンラインアップデートと追加課金で巧みに実現してみせた。

　テスラはそのようにしてユーザーを増やしてきた。時には無関心層をユーザーにするために、低価格の車種を販売し、後でライフスタイルに合わせてそのクルマをアップグレードできるようなマネタイズを仕込んだ。

　デアゴスティーニのパートワークもまた、マネタイズによって潜在ユーザーの「自分事化」を実現した。同じように、アドビも高額のソフトウェアに手が出なかったユーザーにサブスクリプションで「自分事化」を示した。

　あるいは将来に失望した若者にとって学校は面倒で関係のないものであったが、42は卒業後の年収を示し、そして一切を無料化をすることで教育を「自分事化」させた。

マネタイズは顧客への価値提案と結合してブレークスルーを生む ▪ 第9章　207

このようにマネタイズは、価値提案を最終的にやり遂げる力を持っている。あなたのビジネスがうまくいっていないとしたら、それは本来価値を届けたい顧客に、「自分事化」が示せていない状況なのではないだろうか。その問題は往々にしてマネタイズにある。

■（3）価値提案のイノベーションを促す

　単なるマネタイズの変更は、金の亡者にでもなったかのような誤解を人々に与えることがある。その場合は往々にして、顧客価値が調整されていないことで起こる問題である。

　単純な値上げが難しいように、既存のビジネスに、新たなマネタイズの方法だけを「建て増し」のように結合しても、新たなビジネスにはならない。**マネタイズの変更は、ビジネスの全体像を変更するきっかけであると考えたほうがいい。**

　うまくいっているビジネスのマネタイズ法をまねて自社に取り入れる場合は、必ず価値提案も調整する必要がある。マネタイズを変更するから、価値提案変革のアイデアを引き出さなければならない。

　趣味をサブスクリプション化したデアゴスティーニでは、「未完成のリスク」を買い取るという価値提案が新たに生まれる。さらに既存の模型では販売不可能なスケールのものを組み立てられるという成果もある。

　また、ネットフリックスはテレビと違って定額有料だが、これによってスポンサーに配慮のない尖ったコンテンツを生み出すという、価値提案が思い浮かぶ。そうでなければ、顧客から支払いを受ける筋合いがなくなってしまうからだ。

　キャラクターのライセンス収入を得ることを思いついたマーベルは、映像化をしやすいようなキャラクター設定やストーリー、さらにガジェットなどを作品中に用意する必要があった。そうして、価値提案にも変更が加えられていった。

　このように、マネタイズによって価値提案が研ぎ澄まされていくので

ある。自社であれ他社であれ、既存のビジネスからマネタイズを変更すれば、それはすなわち価値提案のイノベーションの着手を意味する。

マネタイズは価値提案のイノベーションを促進するが、同時に、常に課金ポイントでの責任をもたせる。それは、現場に対して緊張感を与えることになる。

サブスクリプション型のマネタイズをとれば、必然的に顧客に離反されないように価値提案を考える必要がある。

アドビは顧客に離反されないように、常にソフトウェアのアップデートを続けなければならないし、ネットフリックスもまた顧客が途中で視聴をやめないようなコンテンツをつくらなければならない。

マネタイズはイノベーションを促進もするが、それだけ現場に緊張感を与えることになる。それは、経営者から従業員に対して、自社のビジネスの重要なポイントを伝えるという、メッセージの役割も担っている。

4 業界慣行は
マネタイズに表れる

　IT業界に身を置いていたイーロン・マスク（テスラ）やリード・ヘイスティング（ネットフリックス）、銀行員であった横手和彦（ピーターパン）、百科事典販売のデアゴスティーニ（デアゴスティーニ）、通信業のグザビエ・ニエル（forty two）など、ケースで紹介したほとんどの経営者は、異業種を経験した者たちだ。

　彼らはそうした業界での経験を武器に、伝統的な業界の常識を踏み越えた。彼らは古き業界に新たな価値を提案してきたのだ。

　しかし、考えてみてほしい。こうした経営者たちが来る前にも、新たな価値を提案している経営者は山ほどいたはずだ。さまざまなニーズを分析し、完璧なソリューションを考えだし、他社との差別化を図る。価値提案のイノベーションは続けられてきたはずだ。

　では、なぜ彼らはブレークスルーを成し遂げたのだろうか。一体何が異なっているのか。その理由こそが「マネタイズ」にある。業界において異なる価値提案を行うのは大切だが、利益の生み方が他社と同質化していれば、顧客に響かないのだ。それどころかコスト構造も変わらない。最初は提案した価値が目新しくても、どんどん同質化していく。

　業界慣行の正体はマネタイズである。業界慣行がイノベーションの邪魔をするならば、事業変革の際、あるいは新規事業構築の際には、現在のマネタイズを疑ってみてほしい。

　ケースを通して、マネタイズは顧客価値を補完し、補強する重要なビジネスのパーツであることがおわかりいただけたことだろう。ここまで本書で示したマネタイズの考え方を掛け合わせて、あなたの価値提案のアイデアを革新的なビジネスへと昇華していただきたい。

おわりに

　本書は、マネタイズをとりあげ、先進的なケースを通して、それをストーリーとして理解していただくことにした。マネタイズの議論は、顧客への価値提案に比べてほとんど慎重に考慮されることがない。それは筆者のような研究者であればなおさらだ。その理由は、経営戦略論やマーケティング、さらにはファイナンスでも取り扱いきれない特殊領域であるため、理論的な考察がほとんど行われなかったという理由があげられる。それ以外にも、研究者としてマネタイズを議論することは、どこかはしたないイメージがあるのかもしれない。あるいは、企業秘密として経営者が語りたがらないことから、断念してしまうのかもしれない。

　しかし理由はどうあれ、経営者やビジネスパーソンにとっては、これほど重要な問題はない。事業が存続できるかどうかは、マネタイズ次第なのである。筆者はその重要性を重く受け止めた。伝えたいことは、マネタイズの方法を分類したり、パターンを増やすことではない。あなたのビジネスの中で、マネタイズがどのような役割をし、そしてどのような位置に据える必要があるのか、そしてそれをどう駆使するのかということを示したかったのだ。それをできる限り机上の空論や、単なる理屈や、仮説ではなく、実際のストーリーを示すことで読者のみなさんにお見せし、腹落ちをしていただこうと思い、8つのケースを取りあげることにした。

　ケースには、実際に筆者がユーザーとしてそのプロダクトを使っているものもある。あるいは、そうでないものは実際に現場まで調査に出向いている。プロダクトおよび企業としてすべて一次的に接触したものをベースにした。企業によっては、お名前を出すことが難しい方もいるが、そうした関係者に陰にも陽にも、現場でインタビューを重ねながら裏どりをしたものである。もちろん、歴史を持つ企業のケースついては、諸

説あるものもあり、あるいは専門的見地からすると多少の違和感がある
かもしれないが、筆者のひとつの考え方としてご理解をいただきたい。

　筆者が本書で述べたかったことは、マネタイズが顧客価値提案の表現
の幅を拡げ、ときにはイノベーションの突破口となるということだ。つ
まり、「顧客価値提案」を「企業価値創造」へとつなぐクリティカルな
要素であることを知ってもらいたかった。本書をきっかけに、マネタイ
ズはフリーミアムやカミソリの刃モデルや広告モデルといった、単なる
パターンの羅列ではなく、ビジネスの重要な意思決定要因であることを
認識いただければ幸いである。

　本書を締めくくるにあたって、このことを心にとどめていただきた
い。

「マネタイズは、価値創造を完全にする」

　あなたのビジネスが、閉塞感の漂うこの時代をたくましく切り拓いて
いくことを、心から応援しています。

著者

【謝辞】
本書を作成するにあたって、Tesla, inc およびテスラモーターズジャパン合同会社、株式会社ピーターパン、
株式会社デアゴスティーニ・ジャパン、Adobe systems, inc および株式会社アドビシステムズ マーケティン
グ本部、Netflix, inc、そして École 42および École 42 Fremont のみなさまには、現地での取材のご対応や資
料素材のご提供などで、大変お世話になりました。また一部取材先との連携については、株式会社オプト マー
ケティングマネジメント部にご高配をいただきました。他にもお名前を出すことはかないませんが、たくさん
のみなさまのご協力をいただきました。心より謝意を表します。

【参考文献】

Afuah, A. and C. L. Tucci［2003］Internet Business Model and Strategies. 2 nd ed. McGraw-Hill / Irwin.

Afuah, A.［2004］Business Models: A Strategic Management Approach. McGraw-Hill / Irwin.

Anderson, C.［2009］Free: The Future of a Radical Price. Hyperion（小林弘人監修・高橋則明訳［2009］『フリー 〈無料〉からお金を生み出す新戦略』日本放送出版協会）.

Anthony, S. D.［2014］The First Mile: A Launch Manual for Getting Great Ideas into the Market. Harvard Business School Press（津島辰郎・津田真吾訳［2014］『ザ・ファーストマイル イノベーションの不確実性をコントロールする』翔泳社）.

Brandenburger, A. M. and H. W. Stuart［1996］Value Based Strategy. Journal of Economics & Management Strategy. 5-1: 5-24.

Christensen, C. M. and M. E. Raynor［2003］The Innovator's Solution. Harvard Business School Press（玉田俊平太監修・櫻井祐子訳［2003］『イノベーションへの解 利益ある成長に向けて』翔泳社）.

Christensen, C. M.［2000］The Innovator's Dilemma. Harvard Business School Press（玉田俊平太監修・伊豆原弓訳［2001］『イノベーションのジレンマ 増補改訂版』翔泳社）.

Christensen, C., S. P. Kaufman and W. C. Shih［2008］Innovation Killers: How Financial Tools Destroy Your Capacity to Do New Things. Harvard Business Review. Jan:98-105（曽根原美保［2008］「財務分析がイノベーションを殺す」『DIAMOND ハーバードビジネス』8 月号：14－25）.

Elberse, A［2011］Marvel Enterprises, Inc. Harvard Business School case study.

Elberse, A［2013］Blockbusters: Hit-making, Risk-taking, and the Big Business of Entertainment. Henry Holt and Co.（鳩山玲人監訳［2015］『ブロックバスター戦略』東洋経済新報社）.

Gupta, S. and Barney, L［2015］Reinventing Adobe. Harvard Business dchool case study.

Gassmann, O., K. Frankenberger and M. Csik［2014］The Business Model Navigator: 55 Models That Will Revolutionise Your Business. FT Publishing International（渡邊哲・森田寿訳［2016］『ビジネスモデル・ナビゲーター』翔泳社）.

Kotler, P. and G. Armstrong［2001］Principles of Marketing 9th ed. Prentice-Hall（和田充男訳［2003］『マーケティング原理第 9 版 基礎理論から実践戦略まで』ダイヤモンド社）.

Levitt, T.［1970］The Morality of Advertising. Harvard Business Review. Jul-Aug: 84-92（有賀裕子・DIAMOND ハーバードビジネス・レビュー編集部訳［2007］『T. レビット マーケティング論』ダイヤモンド社：194-213）.

Mcgraith, R. G.［2011］When Your Business Model Is in Trouble. Harvard Business Review. Jan-Feb（編集部訳［2011］「良いビジネスモデル悪いビジネスモデル」『DIAMOND ハーバードビジネス』8 月号）.

Mcgraith, R. G. and I. MacMillan［2000］The Entrepreneurial Mindset. Harvard Business School Press（大江健監訳・社内起業研究会訳『アントレプレナーの戦略思考技術 不確実性をビジネスチャンスに変える』ダイヤモンド社）.

Michel, S.［2014］Capture More Value. Harvard Business Review. Oct:（高橋由香里訳［2015］「価値創造をキャッシュに変える 5 つの方法 イノベーションには価値獲得が不可欠である」『DIAMOND ハーバードビジネス』7 月号）.

Porter, M. E.［1980］Competitive Strategy: Creating and Sustaining Superior Performance. Free Press（土岐坤・中辻萬治・服部照夫訳［1995］『新訂 競争の戦略』ダイヤモンド社）.

Slywotzky, A. J.［2002］The Art of Profitability. Mercer Management Consulting（中川治子訳［2002］『ザ・プロフィット 利益はどのようにして生まれるのか』ダイヤモンド社）.

Slywotzky, A. J. and D. J. Morrison［1997］The Profit Zone: How Strategic Business Design Will Lead You to Tomorrow's Profits. Times Books（恩蔵直人・石塚浩訳［1999］『プロフィット・ゾーン経営戦略 真の利益中心型ビジネスへの革新』ダイヤモンド社）.

川上昌直［2011］『ビジネスモデルのグランドデザイン 顧客価値と利益の共創』中央経済社.

川上昌直［2013］『課金ポイントを変える 利益モデルの方程式』かんき出版.

川上昌直［2014］『ビジネスモデル思考法』ダイヤモンド社.

名和高司［2015］『CSV 経営戦略』東洋経済新報社.

INDEX

A〜Z

ARR（年間継続収入）	142
École42	173
LDK	71
PCデポ	20
ROA（総資産営業利益率）	140
ROE（自己資本利益率）	20
ROS（売上高営業利益率）	65
SaaS	142

あ

アーリーアダプター	41,49
アーリーマジョリティー	49
アドビシステムズ	131
イノベーター	46,49

か

過少利益	87
仮説指向計画法	70
価値提案	16,19
価値の自分事化	203
カミソリの刃モデル	23
キャズム	46,49
顧客価値	6,17
顧客価値提案	3,4
顧客の活動チェーン	129
固定収益	146
コネクティッド・カー	32

さ

サブスクリプション（定期課金）	21,133,134
三者間市場	76
自分事	17
資本コスト	68
収益の多様化	88

た

脱・売り切り	84

チャーンレート（Churn rate）

チャーンレート（Churn rate）	144
直接的内部相互補助	192
定期課金（サブスクリプション）	21,133,134
デアゴスティーニ	109
テスラ	29

な

内部金融	88
ネットフリックス	89

は

パートワーク	110
ピーターパン	51
必要な営業利益	65
ピボット（方向転換）	197
富士急ハイランド	18
プラットフォーム	107
フリーミアム	23,192
フリーモデル	192
ブロックバスター社	90
変動収益	146
ポケモンGO	23
ボトムアップ・アプローチ	68

ま

マーベル	153
マネタイズ	3,19,20,22,28

や

ユニコーン	107

ら

ラガード	49
リカーリングモデル	127
リクープ（回収）	171
レイトマジョリティ	49
レゴランド	16

[著者]

川上昌直（かわかみ・まさなお）

博士（経営学）
兵庫県立大学 経営学部 教授
ビジネス・ブレークスルー大学 客員教授

「現場で使えるビジネスモデル」を体系づけ、実際の企業で「臨床」までを行う実践派の経営学者。初の単独著書『ビジネスモデルのグランドデザイン』（中央経済社）は、経営コンサルティングの規範的研究であるとして第41回日本公認会計士協会・学術賞（MCS賞）を受賞。ビジネスの全体像を俯瞰する「ナインセルメソッド」は、さまざまな企業で新規事業立案に用いられ、自身もアドバイザーとして関与している。また、メディアを通じてビジネスの面白さを発信している。
そのほかの著書に『儲ける仕組みをつくるフレームワークの教科書』（かんき出版）、『ビジネスモデル思考法』（ダイヤモンド社）、『そのビジネスから「儲け」を生み出す9つの質問』（日経BP社）など。
http://masanaokawakami.com

マネタイズ戦略
──顧客価値提案にイノベーションを起こす新しい発想

2017年12月6日　第1刷発行

著　者───川上昌直
発行所───ダイヤモンド社
　　　　　〒150-8409　東京都渋谷区神宮前6-12-17
　　　　　http://www.diamond.co.jp/
　　　　　電話／03・5778・7234（編集）　03・5778・7240（販売）
装丁───水戸部 功
本文デザイン・DTP─二ノ宮 匡（ニクスインク）
校正───鷗来堂
製作進行───ダイヤモンド・グラフィック社
印刷───八光印刷（本文）・慶昌堂印刷（カバー）
製本───本間製本
編集担当───高野倉俊勝

©2017 Masanao Kawakami
ISBN 978-4-478-10297-8
落丁・乱丁本はお手数ですが小社営業局宛にお送りください。送料小社負担にてお取替えいたします。但し、古書店で購入されたものについてはお取替えできません。
無断転載・複製を禁ず
Printed in Japan

◆ダイヤモンド社の本◆

ストーリーを読むだけで、ビジネスモデル発想が身につく！

顧客が喜び、利益も上がる仕組みとは何か？　ビジネスモデルを専門とする経営学者が初めて書いた、ストーリーを読むだけで儲かるビジネスモデルの勘所がわかる教科書。

ビジネスモデル思考法
ストーリーで読む「儲ける仕組み」のつくり方
川上昌直［著］

●四六判並製●定価（本体1600円+税）

http://www.diamond.co.jp/